見 山 又 是 山

李永平追思紀念會暨文學展特刊

（照片提供／黃詩倫）

李永平
1947~2017

　　祖籍廣東省揭西縣灰寨鎮，客家人，1947年9月15日出生於英屬婆羅洲砂勞越邦古晉市，2017年9月22日病逝於台灣淡水馬偕醫院。他在當地完成小學和中學教育，畢業後曾短暫擔任小學和中學華文教師。1967年以僑生身分負笈台灣，就讀國立台灣大學外文系。隔年第一本小說《婆羅洲之子》在砂勞越出版，那是1966年獲得婆羅洲文化局第三屆徵文比賽首獎的中篇小說。他在台大時期寫作的〈拉子婦〉（原題〈土婦的血〉）獲得顏元叔老師的鼓勵，投稿《大學雜誌》（1968年）而受到注意。其間他陸續寫作婆羅洲成長記憶中的原住民和華人移民故事。

　　他在大學畢業後留系擔任助教，1972年10月起擔任《中外文學》雜誌編輯，1973年7月改任執行編輯。1976年他出版了在台灣的第一本小說集《拉子婦》，象徵了熱帶風貌的雨林和華人故事正式走入台灣文壇的視域。同年赴美深造，取得美國紐約州立大學奧伯尼分校文學碩士（1978），及聖路易華盛頓大學比較文學博士學位（1982），後即應聘至國立中山大學外國語文學系任教。後來陸續任教於東吳大學英文系、國立東華大學英美語文學系創作與英美文學研究所。2009年退休，受聘為東華大學榮譽教授。2016年曾至南洋理工大學擔任駐校作家。

　　他在留學美國期間創作不輟，1978年以〈歸來〉榮獲第三屆聯合報小說獎佳作，1979年則以〈日頭雨〉榮獲第四屆聯合報小說獎首獎。1986年《吉陵春秋》出版，讓李永平在華文文學領域受到普遍的矚目和讚譽。他以鑄造文字般的意念堅持「純正中文」，追求漢字的美感形式，對中國性／南洋性的離散文化的呈現和展示，既代表了馬華在台作家對創作文字的極致實驗，亦被歸類為台灣現代主義美學寫作。爾後的《海東青：台北的一則寓言》（1992）、《朱鴒漫遊仙境》（1998）依序實踐其「純正中文」的寫作風格，同時鋪陳其縈繞不去的原鄉鄉愁，一個自婆羅洲離散的浪子形象，穿梭遊蕩於台北街頭，且設定了朱鴒的傾聽者角色。但他在《吉陵春秋》成功營造地域模稜兩可的原鄉，美學化的慾望地理，性、墮落、慾望和原罪的循環辯證和論證，以及受難女性、性別暴力等符號和美學的展演，學者黃錦樹以為這是一部「中國性—現代主義」的經典之作，精確呈現了台灣現代主義文學特殊的熱帶景觀。「一個中國小鎮的塑像」是普遍對《吉陵春秋》的閱讀印象，卻也凸顯馬華作者在語言和美學層次意圖展示的文字鄉愁，一個模仿說書話本腔調世界的「中國性／南洋性」辯證。

　　近年李永平的《月河三部曲》，直接回到婆羅洲地景，以龐大的結構完成帶有懷情、成長的自傳色彩寫作。從《雨雪霏霏》（2002）到《大河盡頭（上卷：溯流）》（2008）、《大河盡

頭（下卷：山）》（2010），以及《朱鴒書》（2015）的完整出版，李永平以散布在婆羅洲地表上的族裔、鬼魅、性慾等傳奇元素，揭開殖民和戰後的雨林奇觀與成長故事，開展雨林書寫的大河敘事。從氣勢磅礴卻又幽婉動人的雨林故事，李永平訴說的家鄉經歷和少年記憶，引導讀者走入他的個人成長世界和婆羅洲經驗。小說的飄零情調和原鄉想像，交織著從婆羅洲、台灣和紙上中國循環構成的離散的原始激情。這一點恰恰被論者視作二十世紀華文文學內獨具風格的「浪子文學」。寫作期間，李永平因心肌梗塞，曾進行冠狀動脈繞道手術。但他憑著堅韌的毅力和理想，規律寫作，終究完成了個人創作上的顛峰之作。2017年《月河三部曲》的重新製作出版，可視為在台馬華文學的重要成果，為台灣文學注入了繁複熱帶文學景觀，凸顯台灣文學多元豐富的面貌。

李永平的晚年創作，還有武俠小說的寫作計畫。2016年開始寫作〈新俠女圖〉，2017年5月不幸診斷出大腸癌末期。他仍堅持寫作，以創作意志抵禦疾病侵襲。但終究因化療引發敗血症，9月病逝於淡水馬偕醫院。〈新俠女圖〉僅完成至第十四回，未能終篇，徒留遺憾。家屬依其遺願將骨灰海葬，魂歸淡水外海。

李永平的文學成就，相當耀眼。《吉陵春秋》曾獲「20世紀中文小說100強」、時報文學獎推薦獎及聯合報小說獎。2003年翻譯成英文（*Retribution: The Jiling Chronicles*），由美國哥倫比亞大學出版。2010年則有日文版《吉陵鎮ものがたり》，由日本人文書院出版。《海東青》獲聯合報讀書人年度最佳書獎。《大河盡頭（上卷：溯流）》獲2008年中國時報開卷十大好書、亞洲週刊全球十大中文小說、第三屆紅樓夢獎決審團獎。《大河盡頭（下卷：山）》獲2011年度亞洲週刊全球十大中文小說、台北書展大獎、金鼎獎。簡體字版《大河盡頭》上、下卷獲鳳凰網2012年度中國十大好書獎。2014年獲中國廣東中山市第三屆中山杯全球華人文學大獎。

李永平於2015年榮獲第19屆國家文藝獎，其小說《朱鴒書》亦同時獲頒金鼎獎。2016年榮獲第6屆全球華文文學星雲獎貢獻獎，另外也獲頒第11屆台灣大學傑出校友獎。以上榮譽，是對他五十年的文學成就的崇高肯定。

除此，李永平亦有多部譯作，翻譯包括奈波爾《大河灣》、《幽黯國度》等重要英文小說，對華人世界的讀者影響深遠。

（撰文／高嘉謙；照片／何孟娟攝影）

目次
CONTENTS

畫筆也許可以撫平一些皺紋、一些愁容，撫去那些人生之瑣細。
一張臉從紙上慢慢浮現出來。
那畫中之人，灑脫也憂傷，
也許更接近我的記憶，第一次見到你的樣子。
（文／圖：龔萬輝）

李永平　文輯

文字因緣——《迌迌》

1.南洋浪子

30年前,曾經有個浪子。

浪子從南海的婆羅洲浪遊到東海的台灣,落腳於台大校園,當了外文系的學生。冬日蕭瑟,來自熱帶的浪子縮起脖子摟住書本,遊魂似地逡巡在新生大樓門前青草地小徑上,心中一片迷茫。最關心他的劉蒨琳老師穿著她那襲素花旗袍,滿臉笑,纖巧地走過來伸手扯了扯他的衣袖:「真的不想念文學啊?到底想念什麼呢?」他囁囁嚅嚅:「國貿。」(那時台灣的經濟發展正面臨起飛階段喔。)劉老師嘆息一聲,沉吟一會:「去聽聽小說家王文興的課吧!他剛從美國留學回來,帶回一些新觀念,說不定對你有所啟發。」於是浪子走進文學院第二十教室,在女生堆中找個空位悄悄坐下來。窗外一池蓮花,含笑沉睡冬陽下。年輕的小說家清癯的臉龐上架著一副銀邊眼鏡,目光炯炯,面對滿堂聳動的一篷篷黑嫩髮絲,舉起麥克風,正在講析安徒生的一則童話呢。兩個鐘頭下來,王文興教授就這麼高坐講壇上,手裡捏著一疊上課證,沉思著,逐字逐句吟吟哦哦反覆推敲,探尋字裡行間蘊藏的微言大義。偌大一間教室鴉雀無聲。浪子登時怔住了。童話,不是寫給小孩看的故事嗎?童話原也可以寫得那麼精緻入微、那麼耐人尋味——那麼令人「震撼」嗎?原來人世間竟也有

「小說」這門「藝術」!這一發現對浪子而言不啻石破天驚,因為,這之前,浪子以為小說也者只不過是講一個精彩的故事而已。

春四月,台大校園的杜鵑花早已開得一片醉。浪子敞開襟口,迎向滿城薰風,遊魂似地徜徉在椰林大道上,傾聽著頭頂上那長長兩排嘩喇嘩喇風中招展的大王椰,走著想著,心頭驀一亮:我也要寫一篇小說!那年放暑假前他果然寫了一篇小說,名叫〈拉子婦〉。

2.湖湘男兒

人說,命運像一條鎖鏈,環環相扣,其中總有一個環子比別的環子來得巨大,來得燦亮耀眼——若是少了或換了這顆環子,整條鎖鏈彷彿就會走樣變形似的。顏元叔教授就是這顆環子,浪子命中的「貴人」。

這個身材魁梧(那時的感覺)的湖南大漢,那年不過三十來歲,剃個小平頭,上身穿著一件美國花襯衫,下身繫著一條美國花短褲,訓誨起學生來,一字一鏗鏘,聲色俱厲,可神情卻又顯得那麼懇切、厚道,甚至那麼的「土」:中國的植根於黃土地的五千年的「土」,跟他那身美式裝扮和滿口英文多不相襯,可又說不出的貼切。那年顏博士剛從美國回來,意氣風發,準備投出一顆超大型信號彈,照亮台灣文壇的夜空,震醒那幫瑟縮在白色恐怖陰影下只敢談風說月的文

在美國念書時期的李永平。（高嘉謙提供）

人作家。偶然，他看到了〈拉子婦〉。據說他長嘆一聲：「這個僑生可教也！」於是他把這篇小說推薦給《大學雜誌》發表。於是他召見作者到研究室懇談——空蕩蕩只擺著一輛破舊腳踏車的斗室——背對一窗斜陽，撫摸著他那顆傲岸挺拔的小平頭，睥睨著，暢論小說家的時代責任和文學的社會意識。他伸出蒲扇一般大（那時的感覺）的手掌，叭、叭，在浪子細瘦的肩膀上猛拍兩下，接著又在浪子心窩上打一拳：「好好寫作吧！將來說不定會有一點小成就哦。」這一拳擂得浪子渾身戰慄，兩腿虛軟，有如醍醐灌頂，心中登時一片清涼。這次見面結下了一段奇妙的師生緣，奇妙得不知從何說起，不知怎樣訴說……從此踏上寫作這條坎坷的不歸路，一路跌跌撞撞跟跟蹌蹌走來，浪子心中不知是怨還是感激……浪子如今年過半百矣。

這些年來，浪子在外浪遊累了，有時會不自覺地走到羅斯福路四段，躲進東南亞戲院歇歇腳喘口氣，休憩一晌。每回經過台大門口，他總會駐足在校門對面鬧市「雙葉書廊」騎樓下，仰起臉龐，瞇覷起眼睛來，怔怔地眺望那花木蔥蘢紅樓掩映、當年曾收留他、讓他逍遙度過九年青春歲月（四年當學生，五年當助教）的台大校園。

午後，秋陽曖曖，顏元叔教授依舊昂揚著他那顆傲岸的小平頭，四下睥睨，從文學院大門口走出來。他手裡拎著臃腫的公事包，身上披著看不出什麼顏色的舊西裝，腆著個大肚腔，橐蹻，橐蹻，一步一腳印，踩著硬梆梆的柏油路面，迂迴穿梭過那成群捧著洋裝書、迎著滿園蕩漾的銅鐘聲、流竄在花木間匆匆趕場上課的女學生們，撇撇嘴，目不斜視，自顧自邁著他那雙圓頭大皮鞋，獨個兒走下校園中央那條長長的椰林大道，橐蹻，橐蹻。

湖湘男兒老矣，踽踽獨行在30年前他叱吒風雲、成群學生前呼後擁的台大校園，白茫茫滿頭華髮，一臉子的落寞。

1997年李永平於西門町。（王永泰攝影）

浪子呆呆佇立在那座紅磚碉堡般的台大校門對面市街上,一時看得癡了。30年,那是半個甲子呢。

3.北美飄雪

下雪了。向晚,天色突然沉黯下來,紐約州中部平野上的奧伯尼城驀地飛起一天白絮,蹦亮蹦亮,萬千個小精靈似的,結夥遊蕩在空中,只顧互相追逐飄舞嬉戲,鬧了好一會兒才紛紛降落到城中戶戶人家煙囪上,凝起它們那一雙雙冷白眼眸子,一動不動了。沒多久,整座大學城就給覆上了一層瑞雪,白皎皎悄沒聲。浪子從台灣漂流到美洲,機緣巧合在紐約州立大學落腳,看到了生平第一場雪。雪!他呆了呆,抬頭眺望半天才把書包紮上肩膊,推開文學院兩重玻璃大門。迎面朔風吹來,他趕緊縮回脖子,踩著滿地雪泥跌跌撞撞走上街頭,撐開眼皮一看,只見西邊天際瘀血般塗抹著一灘殘霞,歸鴉呱噪,山巔滾滾彤雲湧起。今年大雪來得忒早!瓊安,妳看,城外深秋那一林子楓樹兀自燦爛著渾身紅妝,火燒火燎嘩喇嘩喇,招颭在漫山飛捲的雪花中,好不桀驁自在。

浪子揹著書囊跋涉在放學回家的路途,落葉窸窣,城郊住宅區四下闃無人聲,跫,跫,浪子邊行走邊傾聽自己的步履聲,天地迷茫,霎時間彷彿只剩得他一個人踽踽獨行。整條柏油路空落落,偶爾,猛一燦亮,一輛汽車睜著兩盞晶瑩雪燈,悄駛出漫天風雪來,勃然濺潑起簇簇雪泥,車中依稀可見兩條人影纏綣廝摟,唧唧啁啁,黃髮披肩分不清是男是女,轉眼雙雙隱沒進了雨雪其霏的美國小鎮街頭。大雪中,滿鎮人家升起炊煙。傍晚石板人行道上綻亮起水銀街燈,盞盞頂著雪花,灑照著家家屋前草坪上三兩叢楓紅。呱,呱,樹梢忽然一陣騷動,黑黝黝

枝椏上堆著的雪苞一毬毬迸開,紛紛墜落。雪花飛濺中,只聽得樹上棲停的一窩烏鴉驟然竄起,鼓著翅膀抖落羽毛上的雪,扯起粗礪的嗓門,嘎嘎呱噪著飛撲向天際山頭血漬斑斕一輪風雪落日。蹦蹬蹦蹬,一個小小男孩搖甩著滿頭黃髮絲,倏地從門廊上跑出來,手裡揸著彈弓,仰起臉,齜著兩枚乳黃小麑牙,笑嘻嘻眺望那幾十隻落荒而逃的黑鳥,呸呸呸,嘴裡只管詛咒著。布坎南街上熱騰騰瀰漫起果餡餅香。夕陽下,楓葉層層中,街道兩旁白皚皚草坪上蹲伏著一幢幢白木屋,覆著雪,炊煙繚嫋,閣樓窗口透出兩框子鵝黃燈光,驀一看好似明信片上北歐鄉村冬日雪景。這會兒一家子團聚,圍坐在樓下起居室熊熊火爐前,觀看電視夜間新聞。滿屋子電光閃爍迸亮,霹靂靂人頭晃動。美國廣播公司法蘭克雷諾斯、國家廣播公司陳謝勒、哥倫比亞廣播系統克朗凱,三大電視網新聞主播高坐播報台,銀髮皤皤,大雪天依舊穿著燙貼的天藍西裝,端肅起臉容,睜著兩隻碧青眼眸子睨瞅著全國觀眾,琅琅讀稿:「暴風雪今夜襲擊全美。」浪子趕忙把肩膊上的書囊紮緊了,縮起脖子,咬咬牙,迎向奧伯尼城那漫天追逐飛舞嬉戲的皎白小精靈,踩著人行道上越積越厚的碎雪,一腳高一腳低,蹦蹬走過布坎南街長長兩排白木屋,穿梭過楓林中盞盞燈火,一路走,不知怎的一路只管回憶起熱帶叢林中的童年往事。鬼魅般,陰森森色彩絢爛的一個意象,倏地冒出來,幽然浮現在眼前:海天寥闊,南中國海煙波浩渺,婆羅洲蒼蒼莽莽地平線上一輪火紅太陽下,有個老婆婆身穿客家婦女黑布衫,聳著滿頭花髮,弓起背脊,馱著個紅布包袱,不聲不響獨自行走在海島雨林中那鬧烘烘人頭鑽動的巴剎市集上,從街頭走到街尾,從鎮裡走到鎮外,中午歇了一晌又順著原路趑趄走回來,日復一日,朝出晚

歸……

她從何處來？往哪裡去？她馱在背上的那個沉甸甸紅包袱裡頭裝什麼東西？隱藏什麼祕密？她有沒有親人？

無可考。記憶中從不曾聽大人們談起，彷彿那是一樁罪孽，不可公開談論。只記得有一回父親說溜了嘴，提到「劉老娘」和她的兒子媳婦，光天化日下猛然打個冷哆嗦，轉頭望望身後就不再吭聲了。

小時候住在英屬北婆羅洲砂勞越邦古晉城，平日上學，或放學後在街上遊逛，三不五時總會跟這老婆婆迎面相逢，擦身而過：有時在市中心印度街，有時在豔陽下血腥瀰漫的中央市場，有時在市場旁那條黑魆魆、汗潸潸、一蕾一蕾紅燈下只見人影飄忽鬼眼幢幢的巷弄子，有時在香火鼎盛的大伯公廟（久違了，慈眉善目諄諄儒雅的大伯公，客家人的守護神，我的漢文啟蒙老師），有時在市郊那紙錢飛颺孤塚纍纍的華僑義山墳場……老婆婆一逕低垂著眼瞼，望著地，對周遭的事物不瞅不睬，只顧弓著背樑馱她的紅包袱，頂著赤道上的大日頭走她自己的路。她那乾枯的小身子佝僂著，無聲無息，一步一蹭蹬，晃漾在赤天中午漫城燦白得扎眼的陽光中。後來有一日——大約過了兩三年吧——她忽然沒再出現在城中街道上，整個人彷彿被婆羅洲的日頭蒸發掉了，竟不知所終。

長大後，老婆婆的紅包袱一直潛藏我心底，誰知今天黃昏，在萬里之外北美洲風雪夜一座寧謐的城鎮，它又悚然浮現眼前，炯炯瞪視我。待會兒見到瓊安，得跟她講講這件童年往事。瓊安，聰慧的法文系學生，研究福樓拜和巴爾札克的小說，或許能夠從這條孤零零飄盪在南中國海一座叢林島嶼上的細小身影，嗅出一些端倪，甚至看出一則精彩的故事……瓊安不是一直慫恿我繼續寫小

說嗎？〈拉子婦〉譯成英文，收入齊邦媛教授主編、台北國立編譯館出版的《現代中國小說選》，瓊安讀後眼泛淚光，直說好，簡樸有力。後來她看了英譯〈日頭雨〉，笑笑說：「可以向左拉挑戰喔！」可我不喜歡左拉，不欣賞那陰暗旮兒的自然主義小說，為此面紅耳赤跟瓊安辯了一場。這是後話……

雪下得大了。整個奧伯尼城籠罩在漫天炊煙飛絮中，轉眼隱沒，天地間渾白一片，只剩下布坎南街兩旁楓樹下雪屋中漾亮著幾窗鵝黃燈光。不知哪裡傳出三兩聲狗吠，嗓子拉得悠長長，嗚汪嗚汪好不淒涼。浪子弓下身來把球鞋上的積雪掃撥掉，喘口氣，揉揉凍紅的腳丫子，回頭一望，紐約州立大學奧伯尼分校那四座銀色塔樓兀自聳立在風雪中，塔頂閃爍著十來盞紅晶燈，眨啊眨，瞭望西天一丸子落日。校園一片空濛。那雪下得更密了，只見毬毬雪花飛捲起滿山頭紅葉，嘩喇嘩喇。走著走著忽地萬籟俱寂，風停了雪止了，浪子只覺得偌大的北美洲剎那又回歸到荒古，原野上杳無人跡，跫跫跫，只有他這個來自南洋熱帶雨林的人在走動。他卸下肩上揹著的書囊，蹲在人行道上歇息一晌，撐起身，馱起書囊踩著雪泥繼續行走。霍桑街角悄沒聲閃出一條瘦小人影，渾身包紮著臃腫冬衣，痀瘻，垂頭，邁著腳上兩隻笨重大黃皮靴，嗬嗬喘著大氣朝向浪子跋涉過來，街燈下猛抬頭，只見他身上那件深灰夾克斗篷內，怯生生，窩藏著一張蒼黃臉孔，鼻洞中噴出嬝嬝霧氣，腮幫上滴瀝滴瀝流淌著兩條雪水。這個漢子看似異鄉客。韓國人？日本人？香港人台灣人大陸人？好像都是。反正在美國小鎮遇見的東方男子，不知什麼緣故臉上總是帶著一副倉皇神色。這會兒在奧伯尼城迎面相逢，街燈下擦身而過，兩下裡打個照面。那人挑起眼皮，兩粒幽黑瞳子血絲炯炯，透過厚重鏡片瞄望對方

一眼，點點頭打個招呼，又沉下臉孔，拱起瘦削的肩膀，摟緊身上的夾克，顛蹬著大皮靴繼續趕路，喀喇喀喇踢蹿起一團團雪泥。暮靄炊煙中一癃子灰黯冬衣，頂著風雪漸漸遠去，彳亍獨行，沒多久就漂失在街尾長老會墳場那叢叢十字架中。浪子望著這人的背影，打個哆嗦，掉頭繼續往前走。三叉路口一輛老舊的天青雪佛蘭靜靜停下來。前座那老夫妻倆拱擁著冬裝，聳著滿頭銀絲鬢，笑吟吟揮手讓路。浪子探頭一瞧。原來是紐約州大副校長和夫人！他趕緊鞠躬答謝，拔起腳來兩三步蹿過路心，走上那條聚居著州大教授和研究生的托克威爾街，朝落葉深處蹭過去。呦，呦，街中那戶栽種滿園百合花的人家，前院哀哀響起狗吠聲。「黑皮不要叫！」閣樓窗子嘩喇一聲推開了，燈光裡一個小小女孩伸出她耳脖上兩毬金鬈子，柔聲召喚她的狗兒：「黑皮黑皮不要叫，乖，趕快回家哦！」浪子踩著雪泥一路走，不知怎的，一路兀自思念婆羅洲大日頭下那個馱著紅包袱獨自行走在古晉城中的老婦人。風緊了。奧伯尼城頭湧起漫天狂雪，楓林中群鴉呱噪，天際那灘殘霞早已凝結成一抹血。秋冬之交，北美洲的夕陽燃燒了一黃昏，終於沉落，谷中小鎮人家登時陰暗下來，剎那間，全都給捲進了那一漩渦一漩渦滿山遍野追逐喧嘩的火紅落葉中，白茫茫靜悄悄。鎮尾，托克威爾街盡頭一盞路燈迷濛。

閣樓窗口，瓊安點亮了燈。

4.又見台灣燈火

「吉陵」是個象徵，「春秋」是一則寓言。《吉陵春秋》講述報應的故事——那亙古永恆、原始赤裸的東方式因果報應，蠱崇一整個支那城鎮的人心。

這是妳給的提示，瓊安，那晚在北美楓林小鎮風雪閣樓中一盞檯燈旁。一言點醒迷惘

的浪子。於是那年在紐約州立大學，浪子邊攻讀碩士學位，邊著手寫作吉陵系列小說第一篇〈萬福巷裡〉。1982年，在聖路易華盛頓大學念完博士回台灣，到中山大學教書，寫完四卷十二篇關於紅包袱老婆婆（記得嗎？就是《吉陵春秋》書中那個在萬福巷開棺材店的劉老娘）跟她兒子劉老實和媳婦長笙的故事，交給洪範書店出版，履行了對妳的承諾，那年暑假便拎起背包浪遊台灣，將婆羅洲童年拋諸腦後，打算開學後好好收心回學校教書，暫時不再寫那惱人的小說了，可那次旅行，看到闊別六年的第二故鄉——唔，是第二故鄉嗎？台灣和婆羅洲在我心中的分量，放在手心掂一掂，實在無分軒輊啊，難怪在我作品中這兩座島嶼一在南海一在東海，卻總是糾結在一起，難分難解……可那次旅行，目睹台灣經濟起飛後一派物阜民豐繁燈似錦笙歌處處的景象，心中感動不能自己，有話直欲要說，而我這種人偏偏又只能透過小說，用講故事的方式陳訴心事，於是，無可無不可，就這樣一路尋幽探勝一路構思小說情節，旅程終了，《海東青》這部長篇小說也在心中孕育完成。那是民國75年，公元1986年。浪子年近不惑矣！

我曉得，瓊安，妳心裡好想問我……

可自從那年奧伯尼城別後妳我就斷了音訊，直到今天，妳也許壓根兒不知道，繼《吉陵春秋》之後我又寫了一部小說——反正，不知為了什麼緣故，我就認定妳心裡好想問我：那次環島旅行，一路所見最令我印象深刻的是什麼東西，以致孕育出這樣一個與眾不同、被某些批評家視為「怪胎」的作品《海東青》？

告訴妳，瓊安，那是燈火！向晚時分夕陽下，台灣中南部平原上一望無際綠汪汪水稻田中，乍然亮起的一簇簇七彩霓虹燈。

頂記得一天黃昏下著細雨，我搭乘彰化客

運從台中市前往南投縣（後來，因緣巧合，在朋友盛大成兄引介下我住到南投山上寫《海東青》）。車子穿過田野進入草屯鎮，暮色沉沉，農家屋頂上升起三兩縷炊煙，驀地眼一燦，只見公路旁稻田中竄跳出一個水晶花燈女郎，高挑挑，兩腮緋紅，挺起碩大的胸脯佇立在低矮的農舍間，冒著雨，甩著髮上的水珠兒只顧兜轉旋舞，眨啊眨好不嬌媚桀驁。我趕緊揉揉眼皮定睛一看：原來是一家新開幕的KTV酒店，名字叫金絲貓，門口擺著長長兩排名流巨賈政要鄉紳致送的花環花圈。鞭炮花屑灑滿一地，紅灩灩淋漓霪雨中，乍看竟似一坏落紅。五六十位少小女郎穿著各色高衩旗袍，展露出一雙雙嫩白長腿子，笑盈盈，排成一列站在門洞口哈腰迎客，其中幾個調皮的妞兒，還伸手向我們這輛路過的巴士揮舞呢。車子濺著水花，闖開蒼茫雨霧一路駛進市郊。燈火愈來愈繁密，顏色越來越鮮明，轉眼，田野上彷彿飛灑起一陣七彩流星雨，瞧，瓊安，那千百盞霓虹花燈一盞追逐一盞，紛紛緋緋次第綻亮，飛越一畦畦稻田，火燒般沿著草屯鎮通衢大道中正路直流竄到鎮心，兩條花火龍也似，呼嘯著穿城而過，又沿著人影幢幢人頭晃蕩的鬧街中山路，劈劈啪啪一路延燒，追逐嬉戲交尾，好久好久才漸漸沉暗下來，最後消失在鎮外山腳下那炊煙繚繞闃無人聲的水田裡。

雨中，我坐在彰化客運巴士上，倚著車窗口，怔怔瞅望窗外那一城喧嘩燦爛的燈火，心中憂疑不定。小別六年，台灣的鄉野小鎮（人口不到五萬呢）怎也變得如此風情萬種，好像一群村婦突然給抹上資生堂腮紅，穿上香奈兒衣裳，扭扭捏捏，站在自家農莊前睖望著大馬路上過往的人車，刐開血漬漬兩片嘴唇，伸手招客。田野上飄漫起一股刺鼻的女人香。長長一條中正路，櫛比鱗次一棟棟簇新亭台樓樹崛起稻畦間，夜空下兩排霓虹招牌羅列路旁，眨啊眨，睞啊睞，閱兵似地次第閃爍過我眼簾：KTV豪華酒店MOTEL情侶賓館マサーヅ觀光理容SAUNA三溫暖……滿街裙衩飛颺中，車子遊駛在燈火人頭堆裡緩緩穿城而出。回頭一看：暮靄四合煙雨蒼茫，鬱鬱蓊蓊台灣中部平原上幽然浮現一座用玻璃、壓克力和塑膠磚打造的水晶宮城，華燈高掛，笙歌響起，宛如一艘十萬噸級豪華郵輪，停泊在黃昏水田中雾霏細雨下，鐘鐘矓矓金碧輝煌，驀一看煞似海市蜃樓。玉女池、溫莎堡、媚登峰黛安娜夢十七、新東帝酒店凱撒三溫暖金紐約鋼琴酒吧白金漢宮理容院、敘心園、金絲貓。小小一座鎮甸霎時間燈火高燒，紅潑潑照亮了海東天空一隅。瓊安，妳看，那漫天霓虹光管交織著一個個妖嬌的方塊字──榊料理、罘、滿濃賓館──像不像千百條花蛇交纏在一起遊嬉在田野上，喝醉了酒似的，癲癲狂狂劈劈啪啪，迎著天際一灘殘霞只顧兜轉追逐繾綣在綿綿霪雨中，撒下無數顆蛇卵子，孵出一窩又一窩小花蛇。濁水溪口，血球般一輪落日蕩漾在煙波迷濛台灣海峽中，載浮載沉。蓬萊海市縹緲一瓢新月，水紅紅，悄然升上城頭，俯瞰滿城霓虹招牌上那一眸子一眸子媚眼兒似的顧盼生姿的方塊字：鑫鳳、狐媞屋、小鷗少女服飾、嬣嬛書坊、鮟夫人美容院……

從小就著迷於字。

字！漢字，有人說那是方塊字，有人說那是支那象形文字，可對我來說那只是字，就是字，舉世獨一無二、圖騰般隱藏著普天下只有支那人才能破解的神祕符碼。一字一圖，一圖一意象。一個意象就代表一個具體而微的小宇宙。從小不知怎的，這一個個千姿百態琳瑯滿目的字（老師說總共有五、六萬個字呢）組合成的大宇宙，就開始誘引

我，魔魘似的蠱惑我那天真未鑿的幼小心靈。

最記得，小時提著一籃香燭供品，跟隨母親到鎮上大伯公廟燒香，進入山門，攫住我目光的，並不是大殿中那座香火繚繞、金漆雕花的龕子裡供奉的七尊煙燻燻、臉上帶著曖昧笑容的神佛，或兩旁羅列、青面獠牙的一群夜叉，更不是牆上描繪的一幅幅色彩瑰奇、講述生死輪迴的壁畫，而竟是（瓊安，莫忘了，那時我還是個初初識字的小學生哩）殿中的對聯：善惡不爽錙銖爾欲欺心神未許；吉凶豈饒分寸汝能昧己天難瞞。瞧，這26個字，字字森嚴，刀刻般深深鑴在大殿中央兩根花崗石柱上，金燦燦，亮閃閃，映照著廟門口灑進的一片煙火霞光，登時震懾住了我。於是，我站在柱前跂著腳尖仰起臉龐，呆呆地，瞅著柱上那26幅金漆描繪、四寸見方的文字圖象，恍恍惚惚，好半天一眨不眨，只顧捉摸它們背後隱藏的祕密。神佛透過這些符咒，究竟要向人間傳達什麼訊息呢……

出生於英屬婆羅洲，成長於ABCD字母橫行的世界，受西方殖民文化薰陶，耳濡目染，打記事起，我就對古晉城中那一蕾蕾綻現在白花花太陽下的神祕支那圖象，感到無比的好奇和些許畏懼，就像那成群穿梭遊走在鬧烘烘唐人街上，滿臉好奇，觀看支那人做買賣的白種男女。瞧，大日頭下，他們圓睜著碧藍翠綠的眼珠子，躡手躡腳探頭探腦，只顧瞄望店簷上張掛的一幅幅龍飛鳳舞金碧輝煌的支那招牌──合通發、麥安堂、三江貿易公司、朱南記綢布莊──邊觀賞邊交頭接耳竊竊議論，臉上流露出又是迷惑，又是恐懼，又是輕蔑的神色，渾身抖擻擻，不時舉起胸前掛著的照相機，瞄準招牌上那些個在西方人看來特別神祕古怪、符咒一般的支那象形字，咔嚓！拍照存證。

小時候在南洋教會學校讀書，教英文的修女三不五時就端肅起臉容，柔聲告誡孩子們：支那的文字是撒旦的符號，跟支那男人的辮子是同樣的東西（其實中國人早就剪掉辮子啦）。有位羅神父講得更絕！支那象形字是撒旦親手繪製的一幅幅──總共有四五萬幅喔──東方祕戲圖，詭譎香豔蕩人心魂。瓊安，不怕妳生氣，此後每回我翻開中文版《聖經》，心神總會一陣搖蕩，透過那密密麻麻孑孑蜉蝣的千百個方塊字，恍惚間，看到的竟是一頁一頁男女男嬲交歡圖呢。喲，支那字是撒旦符號，而撒旦就是墮落的天使，而墮落的天使就是魔鬼，而魔鬼就是鬼鬼祟祟鑽進伊甸園哄騙人類女祖先夏娃的那條蛇……

蛇！原來，我們在唐人街店舖招牌和神廟對聯上看到的字，竟是一窩子交尾嬉戲的花蛇呢。瓊安，妳能理解嗎？在學校獲得這樣的訊息，我們這些華人子弟回來後，晚上在供奉祖宗牌位的堂屋裡睡覺，保准會做噩夢，香火繚繞中，看見我們的爺爺們和列祖列宗，身穿長袍馬褂，腦瓜子後面紮著一根長長的豬辮子，手裡高舉一幅幅圖咒，鬼魅般，浮現在我們面前，只管瞇起兩隻血絲丹鳳眼，打量我們這群流落在南洋婆羅洲的子孫，瞅著瞅著，忽然齜牙一笑，伸手抹抹臉孔，就像四川變臉戲那樣倏地甩頭一變，眨眼間，我們的祖宗竟幻化成一群龍蛇怪獸，浩浩蕩蕩朝向我們直撲過來，神龕紅燈下張開血盆大口，二話不說，便把我們小小的身子一口吞嚥進他們那黑黧黧的嘴洞，哇哈哈，哇哈哈……

瓊安，後來我寫《雨雪霏霏》一書，以小說筆法追憶婆羅洲童年往事，特別撥出一章，記錄這樁刻骨銘心、害我跟支那方塊字結下一世不解之緣的經驗，題目就叫做〈支那〉呢。這是後話。

在南洋好不容易念完高中，1967年回國就讀台灣大學。搭乘輪船初抵寶島，在基隆港登岸，雇一輛出租汽車運載行李沿麥帥公路直奔台北。進城之際正值傍晚，秋夏之交西北雨欲來，只見黑雲壓城。偌大的城市黯沉沉悄沒聲，驀一亮，城心樓台深處忽地飛綻起一簇煙花，轉眼夜幕垂落，萬家燈火次第點燃，天女散花般沿著城中條條通衢大道中山南北路南京東西路……四面八方飛灑開來，染紅了淡水河口那一輪暗淡的落日。車潮大起。滿城汽車金光燦爛，夕陽下好似千百條花火蛇蜿蜒穿梭燈火中，中山北路上早已絃歌四起，九條通火燒火燎，各式霓虹爭奇鬥麗，滿坑滿谷兜舞旋轉，將巷弄中那一座座歌台酒館妝點得有如花塢洞房一般。燈下，紅門洞口，只見一雙雙紅男綠女摽結著膀子，忙忙鑽進鑽出。熠亮熠亮，兩道電光倏地竄出觀音山巔，刀也似割破城頭滾滾彤雲，一團初升的水月下，兩隻皎白大蜈蚣互相纏繞追逐，顫顫攣攣直爬上漆黑的天頂。滿天綻響起雷聲，空窿空窿。閃電飛迸中，一城水晶樓台燈火豁然湧現東海上。瓊安，當時我乘坐出租汽車進城，簡直看呆啦。我這個生在婆羅洲蠻荒小城的華僑小夥子，長到20歲了，幾時看過這樣繁華的燈火，那麼多個濃妝豔抹、爭相招展在電光下宛如一群舞孃向雷公頂禮膜拜的中國字：春神酒店、群馬賓館、吉本料理、湘珈琲、愛媛月子中心、華僑大舞廳太子城三溫暖豪爺觀光理髮廳……往後那些年，隨著台灣經濟起飛，島上的燈火愈來愈昌盛，那成群旋舞在霓虹招牌上的方塊字也越發癲狂妖嬌，曾幾何時，連草屯這樣的鄉野小鎮，咦，也搽脂抹粉，變得嫵媚多姿起來了。我喜歡讓自己迷失在台灣的燈火中，遊魂似地蹀躞行走，獨自個，賞玩那一盞盞閃爍在夕照炊煙中的霓虹，滿心惶惑、喜悅，捉摸招牌上那

一蕊蕊血花般綻放在蓬萊仙島的龍蛇圖騰，邊看，邊想，悄悄追憶我的婆羅洲童年，思考台灣的現實，探索支那的未來……

台灣蒼涼，卻也綺麗萬端。

瞧，落紅滿天，一對農家小姊妹身後拖著兩條細長的影子，手牽手，肩並肩，暮靄裡滿臉子蒼茫，好久好久只顧佇立在田野上那瘀血般一丸猩紅日頭下，隔著貓羅溪，伸長頸脖子，靜靜眺望對岸草屯鎮那一叢乍亮的七彩燈火。轟隆，轟隆，北上的莒光號金黃列車衝開淒迷月色，滿載少年兒女，穿越一畦一畦綠汪汪蛙聲呱噪的水稻田，鬼趕似地，投入台北市的紅塵燈火中，嗚──嗚──嗚──

《海東青》這部號稱為「台北的一則寓言」的50萬字長篇小說，就是在台灣的燈火叢中開始孕育，逐漸成形的，而傍晚時分那雙佇立堤岸遠眺燈火的小姊妹，經過藝術的轉化，就成為小說中的兩位女主角，15歲的亞星、7歲的朱鴒……

1986年寫完《吉陵春秋》，在一樁巧妙的機緣安排下，我接受《聯合文學》發行人張寶琴女士資助，衣食無憂，得以辭去中山大學教職，以四年時間專心寫作《海東青》。頭兩年蟄居北投山上，後兩年遷到南投鄉間。一部小說從北寫到南，可不管住在哪裡，推窗一望，總也會看到台灣的燈火撲面而來：北投溫泉鄉，樓台縹緲中，那漫山繚繞的硫煙和一谷綺旎的燈火；南投貓羅溪畔，煙雨蒼茫水田中兀自旋轉閃爍的三色燈。咦？紅藍白三色燈，那不是我們挺熟悉的理髮店標誌嗎？如今，一盞盞搔首弄姿，出現在台灣田野，怎也變得如此燦爛冶豔起來？

面對一窗華燈寫小說，我攤開一疊稿紙，搜索枯腸，翻遍字書，試圖用手上那支沉重無比、自認負載著神聖使命的筆，捕捉台灣

燈火叢中閃現的一幅幅詭譎的支那圖騰，設法透過各種文學途徑——諸如象徵、典故、文字意象、敘事結構——進入其中隱藏的神祕洞天，將訊息捎出來呈現給讀者，只是，不幸，卻因此一頭墜入了文字障，竟致不能自拔越陷越深，《海東青》這則寓言寫到後來，不知怎的竟建構出一座巨大的文字迷宮，而我這個「小說家」竟也像雅典名匠戴達魯士，在作品完成後，驀然驚覺，發現自己被囚禁在自己創造的迷宮中，必須付出慘痛代價才得以脫逃。

不堪回首。我的前妻景小佩——瓊安，妳不認識她，但她是妳的中國姊妹，妳們倆這輩子原本應該有緣結識的——當初她看了《海東青》手稿，曾婉言相勸：「這是一罈初釀成的葡萄酒，質地頗佳，只是味道稍稍有點辛辣嗆鼻，不如先擺在地窖儲藏個十年，等味道變甘醇些才端出來奉客，豈不更好呢？」狂妄自大、自以為剛完成一部曠世鉅著的我聽了這話，老羞成怒，遂一意孤行將書出版，沒聽小佩的勸。

刻意求工，弄巧反拙。卻不知藝術的至高境界就在「藏巧」，所以作品看起來無巧。無巧即大巧，見山又是山。

《海東青》倉促面世後，內心的沮喪與錯愕實不足為外人道。（這種心事，老實說，我只願告訴如今已遠走高飛的小佩和早就斷了音訊的瓊安，我生命中兩個極聰慧、極有個性的奇女子。）可那段日子難捱啊，幸好那時小佩還在我身邊，鼓勵我莫消沉莫喪志，《海東青》只不過是我一生寫作歷程中一個必經的試煉階段，否則又如何能脫胎換骨，邁入藝術的第三境界？小佩，這次我聽妳的勸告。歇息一年重新出發，試圖從困境中跨出第一步——哪怕是小小的半步也好——於是寫了《朱鴒漫遊仙境》，算是《海東青》的下卷或完結篇。（出版後有評者認

為寫得太「白」，矯枉過正，也許吧，但這部小說卻是個人最鍾愛的一本書，因為小丫頭朱鴒是唯一主角。）緊接著又寫了《雨雪霏霏》，追憶婆羅洲童年往事，書中九個篇章在《聯合報》副刊陸續發表時就甚受讀者喜愛，出書後反應也好。（只因真誠，所以作品有力量。）再接下來該寫什麼呢？也許承接《雨雪霏霏》繼續寫「李永平的婆羅洲三部曲」第二部和第三部，將一個喜歡漂流、際遇奇特的華僑子弟在南洋的成長經驗，以文學方式作一次真摯的總整理。見山又是山。也許，之後寫一部俠情小說，展現一個南洋浪子對古典浪漫中國的憧憬和想像……其實，這些都是當初小佩家居聊天時提到的，而今她走了。

景小佩，這個俠氣十足、專愛打抱不平因而時常闖禍的山東大妞，如今人在天涯獨自飄泊，神啊，請賜予她平安和力量。

5.迢迢

麥田出版社負責人突發奇想，要為我出版一本「自選集」，從我前半生作品中挑出一些自認重要的、精彩有趣的或純屬個人偏愛的篇章，輯成一個冊子，回顧兼反省，將過去30年的寫作經驗和心路歷程，尤其是文字風格的演變（畢竟，誠如作家東年所說的，李永平一生以文字為志業嘛）好好梳理一番，然後完整地、一次地呈現在華文世界的讀者眼前。

因緣湊巧，來自南洋的浪子落腳台灣，一路走來雖然坎坷困頓，但每每在危難之際總會有貴人出現扶持一把，讓浪子得以繼續走下去：顏元叔教授、齊邦媛教授、劉蘭琳教授、朱炎教授、劉紹銘教授、劉昌平社長、張寶琴發行人、吳心柳先生、隱地兄……當然還有詩人楊牧！他以文學院院長身分把浪子帶到東華大學創作研究所，讓他安心教

書,專心寫作——就在貴人們提攜下,浪子混跡台灣文壇30年,出過幾本書,得到一些好評和一些惡評,但從不敢以「小說家」自居,因為熟讀東西方經典小說的浪子深知,在文學領域中成一家之言談何容易哪!既不敢自稱小說家,又怎敢妄自尊大,以名家身分大張旗鼓出版「自選集」呢?浪子個性雖然有點桀驁,可總不至於跋扈到這個地步。因此,乍聽麥田的建議頗感驚愕,但浪子只愣了愣就點頭答應下來。糟粕也好,敝帚也罷,身為寫作者早晚總得面對自己寫過的那些東西。於是,浪子利用2003年寒假找出舊作,從最早期的《拉子婦》(噢!這幾篇大學時代的習作如今重讀,感覺還真樸拙可喜,宛如一顆未鑿的珠石,見山是山呢),到晚近出版的《雨雪霏霏》,一股腦兒攤在桌上,邊讀邊挑選,邊賞玩邊追憶當時寫這些小說的心情。年過半百,回頭望望自己在文學創作上跌跌撞撞走過的路,肯定會有這些許感觸,有時甚至百感交集,因為浪子不自覺想起了一些人——那些曾經對浪子好而浪子卻狠心辜負的人。所以,挑選完作品後,浪子特地為這本自選集寫了一篇長序〈文字因緣〉,藉以表達浪子對她們的感念和深深的追悔。海角天涯,不管她們如今身在何處,希望她們有緣看到這篇真誠的文章。

只是,這個集子該取什麼名字呢?

「迌迌」如何?一直很喜歡這兩個多次出現在我作品中的字眼(根據台語讀音,應該唸成「踢跎」吧?《康熙字典》收有這兩個古字,但意思不同,讀音似乎也不一樣)。迌迌——瞧這兩個廝守在一起好似一雙姊妹的方塊字,她們的字形字義字音,既是那麼的中國,可又那麼的台灣,在老祖宗遺留給我們的幾萬個字中,也許最能代表浪子的身世、經歷和心境了。正如《雨雪霏霏》一書裡,小丫頭朱鴒蹲在學校門口用粉筆在水泥地上寫字時所說的:「迌——迌——你看這兩個字的邊旁都有『辶』。逍遙、遊逛、遛達、迌迌……美不美?一個人孤零零在外飄泊流浪,白天頂著大日頭,晚上踏著月光,多逍遙自在可又是那麼的淒涼……」對!丫頭聰明,就是這種感覺。那麼咱們現在就決定以「迌迌」為這本書的名字囉。我想,妳的瓊安姊姊和小佩姊姊都會贊同的。

人生海海,躑躅半生,身為一個孤獨飄泊的寫作者,如今幸蒙台灣一家有名望的出版社青睞,可以出版自選集了,逼得浪子不得不鼓起勇氣,將以前發表過的作品找出來,逐一攤開在書桌上檢視。面對這些東西,這一篇篇沾過自己心血,負載著多少情愫和思念的文章,感覺既熟稔卻又無比陌生。花東縱谷一盞燈下,凝起眼瞳子,在萬千個活蹦亂跳的支那方塊字中,重遊故土,尋尋覓覓,追溯自己在文學國度迌迌30年遺留下的一道微薄的足跡,心中雖然憂疑不定,但,對南洋浪子而言,這豈不也是人生挺有意思的一樁機緣?是為序。

——2003年4月於台灣花蓮國立東華大學

(選自《迌迌:李永平自選集1968-2002》)

我的故鄉，我如何講述

近鄉情怯，可是我現在算回鄉嗎？我在我的故鄉馬來西亞的首都吉隆坡，國立大學的講堂上，那種感覺真的非常奇妙。我常說人生就一個字：「緣」。我有資格講這種話，因為我年紀夠大。我今年70了，上個月在新加坡偷偷度過70歲生日，不敢跟我的同事過（笑）。一個70歲的老人了，有什麼用呢？

人生就是個緣字，我跟靖芬是第二次見面了。第一次是八年前，在美麗的寶島，美麗的城市花蓮，美麗的東華大學。那個時候她跟伍燕翎老師到東華來找我。那時還是小不點一個，八年後都長大了，還當了馬來西亞第一華文報副刊主編。後生可畏，我真的非常開心。我跟紫書呢，是第二次對談了。第一次是兩個禮拜前在新加坡，那個時候很倉促，還不到一個小時，我們談了一個很大的問題：「世界華語語系文學與新馬華裔文學的關係」。這個可以寫一本書的問題，我們談一個小時是絕對不夠的。所以意猶未盡，我跟紫書又約好第二次對談。這次說好至少要有兩個小時，我們要移師到我們的首都吉隆坡的大學。我真的非常珍惜這兩個緣分，人生就一個緣字，一切都是上天安排。我隔了那麼多年——多少年我也記不上來了——再回到馬來西亞。各位不要罵我，不要指責

我，這些都是上天的安排，都是緣。我今天不是回來了嗎？我想起《詩經》的詩句——我最愛《詩經》這本書了，我爸爸是國文老師，從小就讓我們讀《詩經》——「昔我往矣，楊柳依依。今我歸思，豆雨傾盆而下」（大笑），精彩吧？

語言

語言，是我身為小說家一輩子最大的痛。我寫了50年小說，我第一部作品是《婆羅洲之子》，那是我1966年在念高中時寫的，都50年前了。我寫了50年的小說，一直在尋找我的語言。我出生英國殖民地砂勞越，中文不是我的母語，我家裡講的語言非常複雜。我父母親是客家人，他們之間的溝通用客語。可是我們孩子不會講客語，我們用華語、用英文、用一些馬來語。所以我們家講的語言非常複雜，我從小就不知道有母語。我後來愛上了寫作，那差不多是念初中的時候，而且堅持用華文寫作。因為我愛上了方塊字，覺得方塊字好漂亮啊。一個方塊字就像一幅圖畫，一萬個方塊字就是一萬幅圖畫。所以從少年的時候就開始華文寫作。

我正式發表作品是在高一的時候。那時候我遇到一位很好的老師，可說是我的啟蒙老師。他是中國北方人，他喜歡我的作文，覺

得我很會講故事，文字有潛質，可以改進訓練成很好的文學語言。所以他鼓勵我寫作，我寫了幾篇就投給當地的華文報紙試試看。我記得兩篇都登出來，可是我老師看了並不那麼反應熱烈。他說故事是講得很精彩，而且看得出來你可以成為小說家。可是你那個語言怪怪的，不是道地的中文，不是純正的中文，帶有很奇特的、讓人不舒服的南洋風味。我就問老師，什麼是純正的中文？他就給我幾本書，魯迅、茅盾的小說。天啊，這都是大名作耶！還有老舍啦，他的京片子是一流的了，讓我回去讀。我真的苦讀了三位大師的作品，那時我才高二，我對小說的語言開始有了一定的領悟。然後我用我自己塑造出來的魯迅，加茅盾，加老舍，加李永平，弄出來一個文體，就寫了一篇小說。寫一個華裔少年，在伊班長屋的故事。大家知道伊班人嗎？婆羅洲的原住民，獵頭族。我講這個故事，用我認為滿有中國北方風味，比較純正的華語來講這個故事。一個華裔少年在婆羅洲部落遭遇的故事。我就投給了那個報紙的副刊，這一回很快，兩個禮拜就退回來了。我生平第一次收到退稿，那時很受打擊。我拆開來一看，除了我的稿件，裡面還附了一封信。一翻頁，密密麻麻，是那個報紙的副刊編輯寫給我的信。裡頭他把我罵了一頓，罵我「你聽誰的話，要用一個你欣賞的語言，所謂純正的中文，來講一個發生在南洋的故事。這是很糟糕的行為，你這是造假。你知道不知道，你如果要成為真正的南洋作家，你一定要用我們婆羅洲使用的華語，來講婆羅洲的故事。」這封信對我來說，真是醍醐灌頂。我就重寫這個故事，用我之前兩篇發表的作品，不夠純正、味道怪怪的南洋華語，來重講這個故事。這篇小說就是後來相當有名的〈婆羅洲之子〉，參加當時婆羅洲文化局的徵文比賽，得到了第一名。這是我生平第一部正式出版的小說。有了徵文比賽的那筆錢，我就坐船——當時沒錢坐飛機——從古晉漂到了新加坡，然後路過南中國海漂到基隆港，在台灣登陸，就讀國立台灣大學。這是我台灣生命的開始。

那時我很驕傲，我是一本小說的作者耶。這本小說是婆羅洲官方文化局出版的耶，氣勢很旺。我有幸在一年級就遇到了很好的小說老師，本身就是小說家：王文興，他教我讀小說。我上了他的課才知道，原來寫小說不是那麼簡單地講個故事。小說是個藝術，而且是極精緻，可以達到詩的境界的一種藝術。這就啟發很大了。那年暑假我寫了我的第二篇作品，就是〈拉子婦〉。結果被我們外文系系主任，顏元叔老師看到，把我叫到他的辦公室，說：「小子，你是從馬來西亞來的嗎？」我說是啊。他說：「你的中文是有點怪怪的，可是你很有講故事的天分。只要把你的中文稍微調整一下，你就可以成為非常傑出的小說家，將來可以留在台灣發展。」我想這是語言的問題，我李永平啊，怎麼那麼悽慘。是因為我的出身嗎？因為顏元叔老師那時候名氣非常大，他是台灣文學的重將，他說的我不敢不聽啊。所以我開始調整我的文字，我大量地閱讀了在台灣可以看到的三〇年代作品——當時左翼作家在台灣是看不到的——還讀了更多的中國古典小說、章回小說。《紅樓夢》，還有兩部我特別喜歡的章回小說，學它的文字。只是學文字，各位不要誤解，就是《金瓶梅》。原版《金瓶梅》，我有一個朋友從東京圖書館盜印出來的，印了一本給我。它的文字非常漂亮，因為都是北方話。還有一本是明朝小說，也是非常漂亮的白話體。《醒世姻緣傳》，大家聽過吧？因為這幾部小說，又弄出了一個李永平的文體。一開始要寫一個虛

擬的鄉野中國，過一段時日就完成了這本書。整個過程很複雜我就不說了，這本書用我自己塑造出來的中國北方語言，就是大名鼎鼎的《吉陵春秋》。這本書在台灣問世真的引起一陣騷動，沒有人相信這本小說出自一個僑生之手。甚至那時候有一個學者就向當局告發，說《吉陵春秋》是模仿左翼作家的作品，這個作家就是茅盾。我想：天啊，李永平你這小子何德何能，能跟茅盾相提並論啊！可是當時是相當羞恥的，當時台灣還在戒嚴時期，茅盾的官還做很大，他是中國的文化部長。後來當局就查，查了一會發現「查無實據」，這案子就不了了之。

我為什麼提這件事情？這語言是可以造假的，造假到人們以為你在模仿某個大師的東西。後來《吉陵春秋》出版了當局者也不敢相信，這小子寫的小說，那個中國人的故事用的是存在的、道地的北方語言。各位朋友，這件事情讓我非常慚愧，我沒有很高興。我成名了，那時我在台灣非常紅，龍應台女士還特別寫了一篇文章讚揚這篇小說。文章裡頭就瞧不起當時台灣的所有小說，只認為這本書是好書。我沒高興，為什麼？因為我知道我在欺騙，我用虛假的語言來描寫一個虛假的，我從來沒去過的地方。我感到非常慚愧，真的非常慚愧。到今天我還是認為，《吉陵春秋》藝術成就或許還好，就是真誠度不夠。我在大學教小說很多年了，我一天到晚在課堂上提醒我的學生，寫作要真誠，真誠就是力量。只要你的作品是用誠心寫出來的，它肯定就會有一種打動人心的力量。千萬不要模仿某一位作者的文風來寫一部小說，那是造假。我在南洋理工大學當駐校作家教創作，我當時就提醒同學，如果發現在造假，在模仿譬如說王安憶、朱天心，我一定把你當掉，讓你不及格。我非常在意這點，因為我自己有切膚之痛。為什麼我說

是造假，就是硬要取悅某一群讀者，投他們之所好，寫出他們認為純正的語文。我今天領悟到了，全世界在文學上並沒有所謂純正的語言。你們告訴我什麼是純正的英文？英國的英文嗎？莎士比亞的英文？狄更斯的英文？哈代的英文？那美國語怎麼辦？什麼是純正的英文？只要你在一個作品裡頭能發揮充分功能的語言，那就是好的語言。

像我最喜歡的一部美國小說：馬克吐溫的《頑童流浪記》，用第一人稱講一個美國的少年。十歲大，半文盲的美國少年在密西西比河流浪的故事，用他自己的語言。他那時是什麼樣的英文？他那個英文是很爛的英文，是不合文法的，美國高中老師最討厭的英文。結果馬克吐溫在這部小說裡面使用的英文，被認為是美國英文的典範。甚至有批評家說，馬克吐溫一手建立美國的文學語言。我沒馬克吐溫的能力，我聽了我不該聽的話。我為了取悅某些人，我造假了。所以我整個追求語言的過程是一頁一頁心酸史啊。《吉陵春秋》完成以後，我就決定放棄這個語言。很多人覺得可惜，說我應該以這種樸實的北方語言寫一系列，一系列關於中國的故事，建構一個虛擬的完整的偉大的龐大的中國。我放棄了這套語言，但我又弄出了另一套語言，來寫台北的故事，那就是《海東青》。結果我的《海東青》就變成用50萬字構築的文字迷宮。我追求語言的道路中，不小心又進入了文字的魔障。幸好我只寫了一半，原本要寫一百萬字的，我就想不對了不對了，不能再在迷宮裡面。我們知道很多希臘神話嘛，知道構築迷宮的後果如何，我就會逃不出去了。我用了非常激烈的手段，第一部已經寫了，已經寫了50萬字，我就放棄了這篇小說。所以《海東青》這部小說永遠沒有下篇，我逃出來了。大家如果知道希臘神話，你逃出你建構的迷宮，你要

付出慘痛的代價。這部小說的瓶頸讓我受傷很重，我幾乎有一年的時間沒辦法寫一個字。痛定思痛，一再調整我自己，結果我決定回到婆羅洲，回到《拉子婦》的世界。

我開始在意我的童年，我發現我童年的故事可以寫成三本書。我發現我最需要的是一個配備，我三本書的語言。我找啊找啊，終於在我一生的文字風格裡頭找到一個平衡，一個折衷點。我不可能回到《拉子婦》的語言了，我不可能回到《婆羅洲之子》那種語言了，因為我經歷過了見山不是山的階段了，我要回到「又是山」的境界。關鍵在「又」這個字，跟第一個境界你看到的山不一樣了。我用這種語言記錄我在婆羅洲的三個歷程，第一部是《雨雪霏霏》，第二部是《大河盡頭》，第三部是我最愛的《朱鴒書》了。我追尋語言的過程算是告一個段落，希望能到一個終點了。今天回想如果時間能再重來，我當初不應該聽信某些我認為是恩師的話，我應該堅持《拉子婦》那種語言。堅持那種被認為不純正、不道地、具有

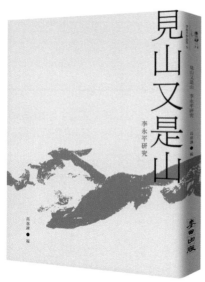

本文收錄於高嘉謙編《見山又是山》，此書可視為李永平小說研究的總體觀照，2017年9月麥田出版。

怪怪南洋風味的華語，以這種華語作基礎，加以鍛鍊，把這種語言提升到文學的境界，成為文學的語言。如果我當時有這麼做的話，今天李永平的地位會更加的崇高。因為他一手將南洋的華語提升到文學的層次，謝謝大家。

出走與遊蕩

說到離散的問題，這是我的悲劇，我一生擺脫不了的宿命。為什麼我要離散呢？為什麼我要做個浪子呢？為什麼我要四處尋找我的家園呢？我在小說裡頭具有濃濃的飄泊、離散的色彩。這是不得已的一件事。我說過好幾次了，有時候不是小說家選擇題材，而是題材選擇小說家。我命中注定要寫這樣的東西，它找上我了。因為我的一生就是飄泊流浪，就是離散。不管我怎麼寫，不管我寫什麼故事，寫虛擬的中國、寫寓言的台北，結果人物都還在那裡飄泊流浪。事實上說飄泊不如說是一種遊蕩，我30歲以後就定居在台北了，我是台灣人。我今天是百分之百的台灣人，作為小說家也是made in Taiwan，我是台灣訓練出來的小說家，台灣對我恩重如山，我一直把台灣當作我最愛的養母。我的生母是婆羅洲，我有一個莫名其妙的母親，我的嫡母，是中國唐山。那是我父親給我的，我不能不接受。我常說我有三個母親，不過現在不談這個，回到離散的問題。

我這一輩子內心追求一個什麼東西？母親嘛！內心沒有一種歸屬感，所以就形諸於外，形體就不斷流動。我30歲以後就定居在台灣了，台灣是個很小的地方，你流浪也不過是在那麼小的一個島上，幾個鄉間跑來跑去。嚴格說起來那不是流浪，那不是飄泊，那是一種遊蕩。我覺得要給它一個說法，就是我非常喜歡的兩個台灣字，叫迌迌。迌迌

指的並不是流浪、離散，是一種遊蕩。他就是一種浪子，流動走動。這反映出他內心的一種虛無，一種追求。所以台灣的歌謠裡頭多的是那種歌曲，很有流浪味的呼喚母親。我的作品從〈拉子婦〉、《婆羅洲之子》開始，也已經在呼喚母親、尋找母親。我後來就找到母親，還一找就找到三位母親。一個是生我養我的婆羅洲；一個是後來在我走投無路的時候，收留我保護我，讓我安身立命，把我訓練成小說家的台灣，我的養母；還有一個我就不舉了。這三個母親常在我的心裡頭吵架，逼得我坐立不安，結果只好不斷的遊蕩。到了最後我不想再遊蕩了，我要安定下來了。我有三個母親，我就接受這個事實。幾個人有這種福氣能有三個母親對不對？我講我的婆羅洲母親跟台灣母親，我會這樣講是因為我在我最後一部小說《朱鴿書》裡頭，我把台北一個叫朱鴿的12歲小女生，把她派到婆羅洲，讓她在婆羅洲裡頭流浪一年，回來講她的故事。她作為一個橋樑來連接這兩個地方。一個是生我的婆羅洲，一個是養我的台灣。在這兩位之間建立一條所謂的橋樑。現在我心裡頭的至少兩位母親，台灣和婆羅洲，她們已經達成和解了，不要吵架了。那我心裡頭的台灣母親和唐山母親是不是還要吵架呢？如果她們還要吵架的話，請妳們吵吧，天要下雨，娘要嫁人，我也沒有辦法。妳們要吵就吵吧，至少讓我這個遊蕩的靈魂能夠稍稍地靜下來。讓我能夠稍稍平安地度過——我不捨得用這兩個字——晚年。

事實上去年八月，我在時隔31年後第一次回到婆羅洲。回到砂勞越古晉，我出生長大的地方。我上一次走的31年前，那時我剛結婚，把新婚妻子帶到婆羅洲去拜見公婆，後來沒幾年就離婚了。隔了31年以後，去年

八月我又回到婆羅洲去了。確實，今天的婆羅洲跟我當年「昔我往矣，楊柳依依」的婆羅洲有很大的改變。我發現我的家人基本上都能安居樂業，可以好好的過日子，所以我就放心了。反正政治的事情，我們身為文人也是無可奈何的。我最後碰到這樣的問題真的不知道該怎麼回答，因為整個心路歷程非常複雜。當初我為什麼出走？背後是有原因的，這些原因今天能說嗎？我想說，我又不忍說，因為我對婆羅洲的感情實在太深了。反正可以這麼說，去年八月回到婆羅洲以後，我心裡的結就打開了。我的小繆斯朱鴿達成了她的任務，讓我在這兩個國間達成了和解。這點我確定從此以後，這兩位母親不會再發生口角了。可不可以這樣說？這是很難回答的問題，我只能這樣說了。

創作心路

關於馬來西亞和我之間糾葛的問題，我已經可以回答得出來了。我剛剛心情非常激動，我每次碰到這樣的問題一定是手都發抖的。我的助理提醒我說：「老師你在台上不要太激動，你一激動手就會發抖了。」我現在度過這個激動的階段了，可以用比較平常的心情來回答剛剛很有趣的問題，關於見山又是山。

畢竟我年紀那麼大了，再不見山的話不好意思啊。我寫了那麼多年小說，技巧的部分幾乎可以說熟極如流的地步了，所以現在寫小說幾乎不考慮技巧的問題。隨心所欲還有一個層次是技術的問題，所以寫小說現在不考慮到這個層面，完全不考慮到文學理論。畢竟我是學文學出身的，早年寫小說每寫一篇，每一句話都要考慮這在文學理論要怎麼處理。這非常辛苦。台灣有一位撞球選手叫陳純甄，是我最欣賞的台灣撞球選手。她打撞球非常好看，整個動作就像行雲流水

一樣，一點技巧的痕跡都沒有，大家都愛看她，我也是她的鐵粉。有記者問她：「純甄，你打球怎麼那麼漂亮？打得那麼好？」她說：「老師教我的那套技巧，我一上場就把它忘掉。不想技巧，我靠我的直覺來打球，來處理每一個球，所以整個動作非常流暢，得心應手。」純甄回答記者的這番話，給我很大的啟發。從此我寫小說就盡量忘掉技巧這回事，可是你學到的東西要忘掉真的很難。可是我最後也許因為年紀到了，就忘掉了技巧，在技術這個層面上至少我已經做到現在這個階段。另外一個比較高的層次是心態的問題，我現在寫小說完全是投我自己之所好。我剛剛已經向各位懺悔過，我早年寫小說為了投某些學者批評家所好，所以寫出虛假的東西，創造虛假的語言。但現在在心態上我是隨心所欲，我根本就不甩理論大師、大批評家怎麼說。我愛怎麼寫，這是一個人的事情，你們不要管。我現在在心態上已經得到這樣的自由了，這是我辛苦換來的。

我早期的小說，多半都有一些自傳的色彩。在我家族裡頭發生了一些事情，有個大壞蛋騙了原住民婦女，生了一個小孩，然後又娶了個中國女子。把原住民女孩帶回長屋，那個女孩已經有了身孕。那個大壞蛋就是我的一個叔叔，我叔叔造的孽。我寫這個故事，我要為我的叔叔懺悔。這是一篇小說，所以當然虛構的成分就很重了，虛構的成分必須很小心的處理，免得我的家人看了這篇小說過來問我，那我就慘了是不是？所以我很怕我早期的小說傳入我家裡，我從來不敢告訴我家人我在寫小說，尤其早期的作品在寫婆羅洲故事，我真的不敢讓家人看到。我想每一位作家開始寫小說都會寫自己熟悉的東西，所以當年自傳的素材都會深入我自己的經驗。希望當年我的爸爸媽媽，或是叔叔沒有看見。

對於未來的寫作，我現在關心的是，心臟開過刀的70歲老人究竟能多寫幾年呢？所以我在跟時間賽跑，我在寫一部武俠小說。寫武俠小說是我從小就有的夢想，人家說有個台灣導演也有這個夢想，就拍了一部武俠電影，就是《臥虎藏龍》。我從小有個夢想寫一部武俠小說，後來因為種種原因夢想沒能實現。現在反正我該寫的東西已經寫了，該交代的已經交代了，連我身後的問題我都已經安心了。我現在既是台灣作家也是馬華作家，也是世界華語作家。我可以隨心所欲，寫作天馬行空的武俠小說。

2016年11月26日「馬華文學高峰會：
李永平v.s.黎紫書」
馬來亞大學中文系主辦
李永平會上發言，鄧觀傑聽錄

（選自高嘉謙編
《見山又是山——李永平研究》）

評論與懷念輯

原鄉的浪子

◆ 王德威 哈佛大學東亞語言與文明系暨比較文學系講座教授、中央研究院院士

一

一九七〇年代我就讀於台大外文系。系中有一位名叫李永平的助教，膚色略黑，舉止率性，一副橫眉冷眼的氣勢，學生紛紛敬而遠之。但這位看來粗獷不羈的助教卻寫出《拉子婦》那樣細膩敏感的作品。八〇年代在海外讀到《吉陵春秋》，的確眼睛為之一亮。我曾經為文介紹此書，謂之「小規模的奇蹟」，結果引來作者並不滿意、但勉強接受的回應。李永平對自己是有很深期許的。直到《海東青》出版，我才對李永平有了更深的敬意。先不論作品的野心及爭議性，到了二十世紀末仍能視文學為聖寵，把鐵飯碗都能扔了的作者，真是並不多見。

為了創作，九〇年代的李永平曾經漂泊過，之後他回到體制內，任教東華大學。多年前我訪問東華，終於初次與作家「正式」謀面，也不過交談寥寥數語。當年那個桀驁不馴的「南洋浪子」已經是慈眉善目了。過去這些年透過麥田出版公司，李永平的著作以系列形式問世，從《雨雪霏霏》、到《大河盡頭》、再到《朱鴒書》，形成日後的《月河三部曲》系列，這些作品描繪婆羅洲家鄉風土，華裔少年成長的經驗，還有

移民世界華夷雜處的「惘惘的威脅」，愷切動人。而三部曲的高潮《朱鴒書》，從寫實一躍為魔幻，彷彿作家終於雨林最詭麗的深處，在天真爛漫的童女冒險中，找到了家鄉最終的，魂牽夢縈的魅力。

1967年，不滿二十歲的李永平跨海來台，尋找他生命的夢土，50年以後他回歸大海，乘風破浪，回歸原鄉。而他留給台灣的，是由文字所構造的奇蹟——大規模的奇蹟。

李永平生長於東馬婆羅洲，1972年憑短篇小說〈拉子婦〉贏得注意，從此創作不輟。1986年，他推出《吉陵春秋》，以精緻的文字操作，複雜的原鄉想像，引起極大回響。但李永平真正成為一種現象是在九〇年代。1992年，他出版了長達50萬字的《海東青》。這本小說描寫海東都會（台北？）的繁華墮落，幾乎沒有情節可言，而文字的詰屈晦澀，也令一般讀者望而卻步。更不可思議的是，李明白寫出他的中國情結，對照當時方興未艾的本土運動，無疑是犯了大不韙。

在一片後殖民、後現代的論述風潮中，李永平大可以成為正面或反面教材，好好被解讀一番。這位來自南洋的「僑生」，落籍台灣，卻一心嚮往中國。但他心目中的中國與

其説是政治實體，不如説是文化圖騰，而這圖騰的終極表現就在方塊字上。李對中文的崇拜摩挲，讓他力求在紙上構築一個想像的原鄉，但在這個文字魅影的城國裡，那歷史的中國已經暗暗的被消解了。

與這一中國想像相對應的，是李永平對女性的深情召喚。這一女性最先以母親出現，到少婦，到少女，再到女孩，李永平一路回溯到她最原初、最純潔的身分，彷彿非如此不足以寫出他的憐惜愛慕之情。然而女性的成長、墮落與死亡，卻往往是他的作品必須一再面對的後果。換句話説，他的女性書寫總成為不得已的後見之明，一種徒然的傷逝姿態。

李永平的中國原鄉、中國母親、中國文字，形成了他的世界裡的三位一體。三者之間的互為代換指涉，既坐實了李的文學意識形態，也生出無限空虛悵惘。原因無他，他的書寫位置本身——漂流的，邊緣的，「沒有母語的」——已經預設了種種的不可能。環顧當代台灣文學，我們還看不出有多少作家顯現如此龐大的野心與矛盾。所以當李自

謂《海東青》是一個「巨大的失敗」時，他的問題豈僅止於美學的挫折，也更指向一種歷史／欲望的全然潰退。

二

新世紀裡的李永平回歸東馬原鄉。《月河三部曲》以婆羅洲為背景，不論是《雨雪霏霏》的抒情鄉愁、《大河盡頭》的情欲冒險、直搗南洋黑暗之心，還是《朱鴒書》愛麗絲夢遊仙境般的擬童話敘事，一次一次見證作家龐大的鄉土想像。但綿亙其中的依然是一種無所皈依的流浪心情。

《雨雪霏霏》裡，李永平永恆的繆斯、小丫頭朱鴒居然説文解字一番：「逍遙、遊逛、遛達、迢迢……？一個人孤零零在外面漂泊流浪，白天頂著大太陽，晚上踏著月光，多逍遙自在，可又那麼的淒涼。」而李永平也禁不住現身説法：

迢迢——瞧這兩個廝守在一起好似一雙姊妹的方塊字，她們的字形字義字音，既是那麼的中國，可又那麼的台灣，在

1975年，李永平（後排右五）赴美深造前，第一次返鄉的全家合照。（高嘉謙提供）

李永平與砂勞越河。
（高嘉謙提供）

老祖宗遺留給我們的幾萬個字中，也許最能代表浪子的身世、經歷和心境了。

李永平自謂是「南洋浪子」，50年的文學歷程，換來迢迢二字，說得輕鬆，感慨自在其中。迢迢──日以繼月的在路上，漂泊四方，沒有歸程。這是浪子的本命了。但浪子畢竟不是沒有寄託。觀察他這50年的行腳，從東馬到台灣，從台灣到北美再回台灣；從台北，到北投，到南投，到花蓮，到淡水。他的夢土是中國，卻在台灣度過半生；他辜負過惦念他、摯愛他的人；他一度不再回顧南洋家鄉了，但繞了一大圈，家鄉的點點滴滴還是成為他寫作再出發的開始（《雨雪霏霏》）。驀然回首，一切恍若隔世。這一切都像是為「離散敘事」量身打造的例子。

「離散」的定義在空間上打轉，而「浪子」則突出了離散主體的意識。我以為當李永平以浪子自況時，他觸及了現代中國文學裡的一個傳統──浪子文學。這一傳統雖然不能算是主流，但卻有相當意義。相對於感時憂國，吶喊彷徨的「大敘事」，浪子文學的作者或人物多了層強烈的個人色彩。浪子遊走四方，各有抱負，但在歷盡世故風流之餘，不能沒有身世之感。憂國懷鄉，追情逐孽，聲色一場，無非平添他們滄桑的自覺。而最重要的，浪子書寫由此引發了一種抒情──或懺情──的意識，在一片寫實主義的大纛下，自然獨樹一幟。

在現代文學的彼端，蘇曼殊與郁達夫堪稱是浪子文學的典型。這兩人的生平都是高潮迭起，既有家國之痛，也不乏情色煎熬。發為文章，跌宕風流，不是過來人不能如此。浪子的生活及寫作風格在三〇年代新感覺派作家如穆時英、劉吶鷗的手裡，也曾有精采詮釋。四〇年代末期路翎的《財主底兒女們》，還有無名氏的《無名書》，也可以作為例證。就著這個傳統來看上個世紀末的浪子文學，我以為李永平和高行健各具代表性。在極權主義的國度裡，高行健居然四下遊走，尋找他自己的「靈山」。而他的《一個人的聖經》力求以個人的、肉身的情色冒險，救贖一個意識形態狂飆的年代。相形之下，李永平打從頭起就不斷變換流寓僑居的地點，從南洋到北美，從台灣到（想像的）

中國，最後一頭栽進文字迷宮中，不能也不願找到出路。

浪子敘事因其豐富的抒情性有別於一般的寫實主義小說。天涯海角，客中旅次，本來就容易觸景生情，更何況浪子多情易感的本色。但在投射他的欲望對象時，李永平的問題要比前輩複雜。李永平的作品不乏女性角色，但她們卻不能為浪子創造更多「浪漫」的機會，至少不像郁達夫到高行健所示範的那種情欲徵逐。擺盪在母親與女孩的兩極間，他的女性形象事實上凸顯了浪子欲望追求的缺陷。

三

《海東青》以靳五的一句話「丫頭，不要那麼快長大！」作為高潮。我倒認為這句話有個潛台詞：不要長大的其實是我們的浪子。這本小說充滿了情色挑逗，卻最不具挑逗性。如今看來，這反而成了李永平浪子敘述的特徵。而《大河盡頭》不啻是浪子青年時期政治與性啟蒙的「前傳」。

李永平所有的欲望最後化為他與文字的糾纏，這才是他沉迷撫弄，欲仙欲死的愛戀對象。中國文字是神祕的圖像，「千姿百態，琳琅滿目」，從李永平幼年就「誘引」、「蠱惑」他。他甚至藉他人之口說明支那象形字是「撒旦親手繪製的一幅幅……東方祕戲圖，詭譎香豔蕩人心魂。」[2] 這是一種業障，但李永平甘心陷溺其中，筆鋒所到之處，無不成為奇觀；文字果然就是祕戲。而李永平如此耽溺，就算有心要為小說作一了結，他也不能寫完，也完不了。只有從這角度來看，他的浪子情結才算發揮得淋漓盡致。

而李永平的浪子寫作必須與他的原鄉想像合而觀之，才有更豐富的涵義。漂流多年，是浪子回家的時候了。但是回到哪裡去，怎麼回去呢？在他《雨雪霏霏》裡，李永平立足台灣，以文字重新召喚東馬家鄉。比起《吉陵春秋》與《海東青》的極端試驗，這本小說集代表一種「眼前無路想回頭」的轉圜。在書中，李永平以歷盡滄桑的角度，遙想當年成長過程的點點滴滴。他既是敘述者，也是被敘述的主題。華族移民生活的苦樂，青春啟蒙的經驗，還有揮之不去的種族政治陰影，於是一一來到眼前。

李永平花費大力氣構築一個完美的文字原鄉，但他訴說的故事卻是背道而馳。我認為這不只是李永平給自己下的美學挑戰，也指向文本之下、之外的意識形態弔詭。他的敘事形式與敘事欲望相互糾纏，難以有「合情合理」的解決之道。他所沉浸的現代主義在形式和內容間的永不妥協，固然是原因之一，但更往裡看，我要說如果李永平寫作的目標在於呼喚那原已失去的中國／母親，付諸文字時，他只能記錄自己空洞的回聲。

李永平的《雨雪霏霏》典出《詩經·小雅》「雨雪霏霏，四牡騑騑」。三千年前中國北方的冰天雪地與南洋的蕉風椰雨形成了奇詭的對應。識者對此或要不以為然。但為什麼不可以呢？在回憶與遐想的天地裡，文字排比堆疊，化不可能為可能，其極致處，歷史稍息，一種詩意油然升起──這當然是李永平文字漂泊的終極歸宿了。

註釋：
1. 見李的自序〈文字因緣〉，《迫迌》（台北：麥田出版，2003），頁38。
2. 見李的自序〈文字因緣〉，頁40。

（原刊於2017年12月《文訊》386期）

通往另一個國度的迷宮

◆ **及川茜**　日本神田外語大學講師

面對一部作品，人只能讀出自己能夠了解或願意了解的東西。很多時候，有意無意忽略掉某些因素，甚至沒有意識到自己的視而不見。

談到翻譯，不少人認為李永平難以翻譯。難在哪兒？難在文字上。泰半華文讀者懷疑能否將李永平的文字移植到外文的土壤上，這個疑問有其道理，而翻譯活動宿命性地甩不開這種懷疑的目光，並非只是翻譯李永平作品時才會浮現的問題。

自2010年至2011年，日本的人文書院出版社推出了一系列名為「台灣熱帶文學」的叢書，出版了四部馬華小說的翻譯集。李永平《吉陵春秋》為首卷，和第二卷張貴興的《群象》同步推出，第二年則是黃錦樹的短篇集《夢與豬與黎明》和以黎紫書為首的12名作家的短篇小說集《蛆魘》。參與翻譯的過程中，需要了解作家的全貌，幾乎一整年的時間在李氏建造的文字迷宮裡徘徊，一字一句地詳細研讀，並試圖臨摹他筆下綻放的一朵朵奇葩。

當時自己對翻譯的問題意識還停留在語言上。有個困惑記憶猶新，那就是我要以何等面貌將這12則寓言帶給日本讀者？這「十二瓣的觀音蓮」到底能否扎根於漢字和假名兩種符號盤根錯節的日文泥土中？再者，這

些文字的潔淨，被移植到日文土壤後，能否依然不染？對於這個問題，始終無法找到答案。

後來，一直在「普天下只有支那人才能破解的神秘符碼」的帶領下遊走吉陵鎮的大街小巷，仔細聆聽文字後面依稀傳來的聲響，試圖勾勒出這一絲若有似無的聲響之輪廓。光怪陸離的文字迷宮中，緩緩地浮出來游絲般的迴響，迴繞於樑宇之間，彷彿從世界的另一邊傳過來似的。一座迷宮，迴廊的地上是鑲滿文字圖騰的馬賽克鑲嵌畫，從上面走過去，走到盡頭，竟然發現這座迷宮並不是封閉的，最深處還有一條通道，通往另外一個國度。那邊傳出來的是地下潛流般，始終潺潺流動的聲響：孤獨。

《吉陵春秋》12篇故事中，難以忘懷的是〈荒城之夜〉。接到父親去世的消息，主人公克三似乎有難以釋懷的心裡疙瘩，抑或是近鄉情怯的緣故，已踏上歸鄉之路卻躊躇不前。就在此時，渡河的船上遇到似曾相識的姑娘，他就陰魂不散地一路尾隨著她。當用日文重新勾勒他那孤絕而徘徊不定的背影時，一種莫名的情緒襲上心頭，難過了一陣子。以後的每一部小說中，我們都可以辨識出這個孤獨的身影。

然後朱鴒出現了。我一直跟隨著一男一

女、一大一小的背影，走遍了台北，走遍了婆羅洲。發現自己閱讀上已無大礙，原來讀華文也能有貼近的感受，看來不知不覺中朱鴒把我帶入華文世界裡了。對翻譯的問題意識也隨之產生變化。

此外，「開放性」則是李永平文字上不大會引人關注的另一個特點。甚至是乍看之下令人大為躊躇的《海東青》，可讀性之高竟然也令人嘆為觀止。儘管幾乎在每行每頁到處蜷伏著奇文僻字，也並沒有帶來閱讀上深刻的障礙，不求甚解的讀者也可以領略到「撒旦親手繪製的一幅幅東方祕戲圖」的惡之美。其實翻譯的困難，並不是主要來自文字上的功夫。從雕琢文字的嘗試推進到極點的《海東青》，以至於看似淺白的《朱鴒書》，文字本身並沒有蜷縮在華文的軀殼裡，都開放給翻譯，甚至好似期盼著被翻譯。也不要求譯者使用特別的技巧，因為原文已經完整，無需改動，一字不改從頭到尾誠懇地翻譯下去即可。換言之，沒有讓譯者使用小技巧小聰明的空間。原文既追求華文的完美，同時又脫離華文的窠臼，每一句的解析度極高，翻譯時基本上不需要任何調整。是不是因為李永平自己也是翻譯家，逡巡於華文和英文之間寫作的緣故？甚至可以說，字裡行間隱然若現譯文，只待有緣人開鑿。

那麼，翻譯上的困惑到底來自何方？其實主要來自自己的「視而不見」。翻譯者徘徊於字裡行間，查訪每一個角落，試圖將每一寸地板都拖得乾乾淨淨，以為自己對這間屋子熟透了，但還是難免留下沒能找到的寶貝。這正是翻譯上的困難。李永平的屋裡似乎還藏著多顆「遺珠」。

每一個文學家都有自己的書庫，有的人敞開大門，有的人深藏不露，但譯者是偷窺狂，試圖窺見書庫中堆著什麼書、手冊、有沒有私家照片？一個作家即使是初試啼聲，作品產生的背後肯定也有累積起來的經驗和記憶——個人的、集體的、還有文學場域的——一部作品的出現並不是偶然的，個人、社會和歷史都有其脈絡。那是否可以依此推論，翻譯一篇小說，恰似將作家的書庫搬到另外一種語言中？而這就是翻譯困難的所在。

坦言之，李永平先生的寓言我始終無法

2010至2011年，日本人文書院推出「台灣熱帶文學」叢書，出版了四部馬華小說的翻譯集：李永平《吉陵春秋》、張貴興《群象》、黃錦樹《夢與豬與黎明》、黎紫書等《蛆魘》。其中《吉陵春秋》日文版由池上貞子、及川茜翻譯。（黃英哲提供）

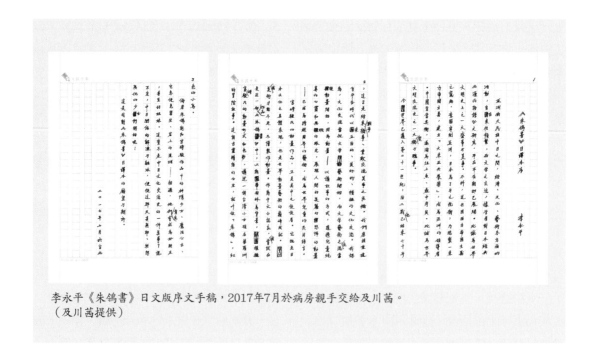

李永平《朱鴿書》日文版序文手稿，2017年7月於病房親手交給及川茜。
（及川茜提供）

讀懂。《吉陵春秋》中，有一個叫秋棠的少女被拐賣的段落，風雨中遭受蹂躪的花瓣，是否讓讀者聯想到受到鯨吞蠶食的秋海棠地圖？《海東青》的寓言亦似懂非懂，看似其中頗有微詞，但又像是正經八百，當時的台灣社會肯定有某種脈絡，台灣的讀者心有靈犀，但我沒有頭緒，一頭霧水。至於《朱鴿書》，令人百思不得其解的是白人「拉者」，詹姆士‧布魯克那一段。他在故事中扮演從澳西先生的魔爪下救出朱鴿的大英雄，可這個安排實在令人費解。布魯克不也是殖民者嗎？後來，在日本馬來西亞學會上，經過研究砂勞越的專家提醒，得知近年來砂勞越境內盛行「Sarawak For Sarawakian」的貼紙，貼紙上還印著「since 1841」字樣，就是布魯克王朝創建的年分。在高呼「砂勞越人的砂勞越」的同時，將視線投回到布魯克王朝的建立，無疑其背後脈絡大有文章。砂勞越讀者也許不禁莞爾，卻對局外人來說，並不是一兩天就能了解的事，應該需要用相當的時間和毅力去研究。

戴達魯士既然創造迷宮，忒修斯總也不能束手等待阿里阿德涅公主帶來線團吧。讀不懂的寓言，即使無法及時破解，也要試圖走遍迷宮的每個角落，重新畫出設計圖。這應該是作品本身對讀者所要求的誠懇，同時也是外文譯者的責任。

2017年7月，初次拜訪李永平先生。在病房裡躺著執筆的李先生，親手交給我《朱鴿書》日文版的序文。這三張稿紙，拿著格外沉重。文中寫著對日譯本的期許：「倘若朱鴿能和宮崎駿作品中的神隱少女、魔法公主、宅急便見習生、岩上的波姬⋯⋯相遇，她們肯定成為好朋友，甚至好姐妹。這豈不是中日文化交流史的一件美事？說不定，中日關係的解凍與融冰，便從這群天真無邪、無怨無仇的少女們開始呢！」

曾經朱鴿帶我走的路，這次我要帶著朱鴿走。希望早日能把朱鴿帶到日文世界，讓她和日本姐妹們無憂無慮地戲遊！

（原刊於2017年12月《文訊》386期）

把最好的時間留給寫作

◆ 何致和　作家、譯者

「認識」李永平老師是在大學時代。那時剛開始寫小說，無人指導，只能透過閱讀自行摸索。讀的多是外國文學，買過的中文創作只有寥寥數本，其中一本就是《吉陵春秋》。我大一就認識他了，不過那時他還不認識我。

真正認識老師，是讀完《吉陵春秋》的15年後。我的小說獲得聯合報文學獎，從評審紀錄得知，是因為李永平大力推薦才僥倖獲獎。我自知小說寫得還不好，渴望有老師教導，心想李老師既然在東華大學教書，我便報考了研究所，打算去花蓮找他學寫小說。

口試會場上，我首次見到李永平老師。他隔著長桌，離我大約四公尺距離。我以為只要報上名字，他就會熱情寒暄，給我最高分，畢竟我是他剛挑出來的文學獎得主。幻想的情況沒出現，口試委員問了幾個問題，都不是他提出的。考完試只覺得一切都是我自作多情，他根本不記得我是誰。

研究所放榜，我果然沒在正取名單上。幸運的是，不到一星期學校竟來電說我備取上了，問我要不要去念。要，當然要！李永平就在花蓮，他是這世上唯一覺得我寫得不錯的人，我當然要去追隨他。

只是，我的熱情一直得不到回應。入學第一件事便是選修老師的翻譯課，那門課人數爆多。開學老師一來便說，他的課不適合這麼多人修，點了三位同學，暗示其他人退選。我沒被點到，只好乖乖退出。我仍不死心，第二年要找指導教授，我又鼓起勇氣去找李永平老師，認為他一定會收我。沒想到他竟面有難色，說他已經收了許多研究生了，要我去找別的老師。

我想不通，老師不是喜歡我的作品嗎？為什麼好像刻意迴避我？兩年就這麼過去了。我在校園裡看見他騎腳踏車經過，和他搭過同一輛公車在志學站下車，在文學院走廊遠遠便聽見他上小說課像跟人吵架的聲音。我常見到李永平的身影，卻始終無法接近他。

我真的灰心了，提不起勁找其他老師指導。第三年開學不久，我在文學院三樓天台抽菸，剛好老師也在那兒。兩人默默在欄杆邊吐了好幾口煙霧，他才突然開口。「找到指導老師了嗎？」他問。我哀怨地說沒有。他想了一下，「這樣呀，那你來我這裡好了。」

那是我這輩子最興奮的一天，勝過得文學獎或考上研究所。我終於有老師了！而且還是我從大一就認識的那位。就這樣，我開始追隨老師寫長篇小說。

老師收的學生果然只有三、四位，上課方式是大家到他的宿舍喝酒抽菸邊談小說。

對於沒有長篇小說創作經驗的我們，他的要求很簡單，要我們先寫小說開頭一、兩頁就好。他說，小說只要開場對了，後面就容易了。

我寫了一個自認不錯的開場交給老師，原以為會被稱讚幾句，沒料到下次上課，老師一手夾菸，一手拿著我的作品說：「這開場還不行唷。」我嚇了一跳，忙問是不是故事性不夠。「不是沒有故事，而是沒有form。」他中英夾雜說：「如果小說沒有form，就只是一個story。」說到form這個字時，他提高嗓門拉出好長好長的尾音。

我把稿子扔了，立刻重寫。試了幾種寫法，最後決定用交替視角，訴說同一個故事。老師看完後只問：「你為什麼要這麼寫？」我答不上來，知道他還是不滿意，便回去換個方式再寫。這次我用了更多力氣，調整文字和敘事觀點，好不容易才重寫出第三個版本。這回他說：「可以了，繼續往下寫吧。」他雖這麼講，臉上卻沒什麼表情，感覺好像不是很滿意。於是我把寫好的幾頁都撕掉，重新再寫，邊寫邊思考所謂form的意義，嘗試一種不曾用過的寫法。

第四個版本交去，我忐忑不安來到老師的宿舍。這回他的情緒相當亢奮，酒才剛喝，卻已有微醺的樣子。所有人到齊，他拿起我的小說，大聲朗讀。那是我生平第一次聽見有人朗讀我的作品，奇怪的是，聽著老師用他獨門嗓音一字字唸出我寫的東西，我渾身竟起了雞皮疙瘩，感覺那不是我自己寫出來的小說，而是出自某個厲害小說家的手筆。老師邊唸邊對同學解說，講完後，他對我說可以繼續寫下去了。我知道，這次是真的可以了。

果然開場確立，後面寫來就順暢了，我們定時的聚會討論也越來越輕鬆。那時老師買了一輛紅色跑車，常載我和另兩名學妹在花蓮到處玩耍。我們去瑞穗泡溫泉，去南濱夜市吃海鮮，去向陽山看夜景。那陣子我們談了很多，文學、政治、人生、家庭，什麼都聊。記得老師問我年紀，我據實以告，他說：「花樣年華啊！」那年老師五十歲剛過半，仍身強力壯活力旺盛。我問老師是否怕老。他感嘆說：「Age不可怕，可怕的是aging呀。」

當年的我不能體會，甚至怪他把每周小說討論變成四處浪遊。有回我們又奔馳在台11線上，我忍不住問他覺得我最近小說寫得如何。「不錯呀。」開車的老師看著前方說。我懷疑他在敷衍，便大膽要求，請他對我再嚴格一點。話一出口，老師突然猛踩煞車，跑車發出尖叫停在快車道中央。「你不相信我嗎？」他轉頭對我說：「你應該相信我，就像你坐上我的車，就應該相信握方向盤的人。」我惹老師生氣了。還好，他的氣和跑車一樣來去超快。過一會兒大夥又沒事繼續遊玩去了。

我應該相信老師的，可是感覺小說越寫越窒礙，便請教老師為何有此現象。他仔細詢問我的寫作狀況，知道我平常早上先做翻譯，下午才寫小說，便說：「你覺得小說寫不夠好，是因為你沒有把最好的時間留給寫作。」

多年後，當我知道老師在病榻上仍拚著寫武俠小說時，才明白老師自己是把最好的時間留給學生和他所愛的人，然後才把生命的最後時間留給寫作。師恩浩蕩，痛無機會報答，只能謹記他的教誨——把最好的時間留給寫作。一天如此，一生亦如是。

（原刊於2017年12月《文訊》386期）

悼念李永平

◆ **余光中** 中山大學榮譽退休教授

　　小說家李永平9月22日不幸病逝於淡水馬偕醫院，噩耗傳來，往事歷歷，令人感傷。永平和我，雖無深交，卻頗有因緣。記得他在台大外文系畢業，留校任系內助教，身材高身兆，原是帥哥。1997年香港即將歸還中國的日期逼近，當時在高雄中山大學任教的永平就提醒黃碧端系主任，邀余光中返台，這是大好時機。黃主任又適時提醒李煥校長，應適時請余光中返台來西子灣。李煥事忙，約我在來來飯店早餐。他一口湖北鄉音令我感動，同時早餐的地點偏名「來來」，真是巧合，次年我果然從香港返台。迄今我在高雄定居，已長達32年，等於我生命的三分之一。這一切緣分，均由永平開端。

　　後來我果然來了中山大學，永平卻去了東華大學。從此我們沒有見面，但據說他變胖了，不復帥氣。他著作很多，也多次得獎，且以身為台灣作家自豪。馬華作家之中，他最認同台灣，並承認是台灣的環境造就了他。1987年他放棄了馬來西亞的國籍，改入了中華民國的籍貫。他對於小說的寫作非常認真，有「文字鍊金師」之美譽，駱以軍和王德威對他評價很高。他的小說屢次榮獲大獎，其中《吉陵春秋》曾由我寫序，名為〈十二瓣的觀音蓮〉，此書的場景當然是設在他熟悉的砂勞越。但是他當時並未向我點明，害我狂猜了好久。

　　據說他在加護病房，呼吸道剛一拔管，就回到普通病房振筆寫其新作〈新俠女圖〉，一口氣竟趕出兩萬多字，尚未完稿，可恨的敗血症卻將他奪走了。

　　　　　　　　　　2017.10.8高雄左岸

（原刊於2017年12月《文訊》386期）

一介布衣
懷念永平

◆ 李有成　中央研究院歐美研究所特聘研究員

一

永平棄世倏忽間已經一個多月了,在繁忙中偶爾想起他,我內心仍不免泫然,很難接受他業已不在人世的事實。我的手機上仍保存著不少他的留言,重讀這些留言,不免有隔世之感。8月8日星期二這一天傍晚6時50分,永平突然傳話給我:「有成,何時去波士頓?要待多久?永平」。我立即留言答覆,他繼續提醒我:「有成,你年齡也大了,要保重身體哦!」這些話他跟我說過不只一次,在養病中仍不忘要我注意身體。赴波士頓前夕,我、封德屏及吳穎萍去淡水看永平,主要是為了協調更換看護這件事。我們待了一個多小時,永平雖然身體虛弱,但是有說有笑,看來是在康復之中。他還是不忘勸我不要到處奔波,多留些時間寫作。這是我最後一次看到還能談笑風生的永平。9月17日清晨我從波士頓回到台北,還來不及休息,就看到德屏留言,表示永平情況危急,救護車正奔往醫院途中,而且不是為他動手術的台大醫院,而是距淡水最近的馬偕醫院!等我趕去醫院時,永平已經插管,意

識不清了。才半個月不見,變化竟然這麼大,這是我始料未及的。

認識永平時我們都還年輕,那時他尚未赴美深造,在台大外文系當助教,負責《中外文學》的編務。那是1976年左右。我在弘道國中教英文,分租老朋友陳鵬翔在羅斯福路巷子裡的住家,隔房而居的則是高天恩。永平與鵬翔、天恩都是舊識,因此不時會到鵬翔那兒走動。我們就是在這種情形下熟識的。那時永平早已發表了他的成名作〈拉子婦〉,同時正準備出版同書名的第一部小說集。我則偶爾寫寫詩,有兩首還被他拿到《中外文學》發表。這一年秋天我進入台大外文研究所念碩士,永平卻已遠赴美國讀書。一去六年,一直到1982年取得博士學位後,才應聘到國立中山大學任教。這六年中我們並無聯絡,甚至他到高雄任教後,不知道為什麼,我們也難得見面。不過我始終記得這位朋友,1986年他出版《吉陵春秋》,我也買來認真讀過。

再見到永平已是1989年的秋天。我從杜克大學研究一年回來,經朋友介紹,每周六下午到聯合報系大樓參與《美國新聞與世界

中學時期的李永平。
（高嘉謙提供）

李有成（右）與李永平認交40年，2014年10月25日攝於台北市溫州公園
旁的皇城滇緬餐廳。（李有成提供）

報導》（*U.S. News and World Report*）的翻
譯工作。永平在1986年就早先於我加入這份
周刊的翻譯團隊。他其實是位重要的譯者，
大學畢業後就從事翻譯，一生譯書十餘種，
固然有些是通俗書籍，其中卻也不乏文學名
著，像奈波爾（V. S. Naipaul）和保羅‧奧
斯特（Paul Auster）等著名作家的作品。只
是永平似乎不太願意提起他的翻譯生涯，在
他淡水住家幾乎看不到他的譯作。《美國新
聞與世界報導》立場保守，台灣中文版與美
國版同時出刊，中文版主其事者為張繼高
（吳心柳）先生。每周六中午左右，整個
翻譯團隊就會進駐忠孝東路四段的聯合報系
大樓，通常就在那裡用餐。餐後周刊的英文
稿就一份份陸續從美國傳到台北。其時雖然
已有電腦，但是網際網路還不發達，稿件必
須藉由傳真送來，由我們分頭翻譯，傍晚之
後，進來的稿子越來越多。那時寫作還屬於
手工業，我們的譯稿都寫在稿紙上，沒有人
使用電腦。這一忙往往要到凌晨三、四點，
交出自己負責的最後一篇譯稿後，我們才能
夠離去。周刊必須在周日清晨編妥印製，趕
在周一與美國版同時出刊。每個周六凌晨我

坐上計程車，看到忠孝東路車來人往，心中
只想著趕快回家睡覺。

在《美國新聞與世界報導》的譯者群中，
永平資歷最深，譯筆既快又好，周刊的社論
等重要文章多半由他主譯。這段期間雖然我
們每周六都會見面，但是工作時分秒必爭，
除了招呼問好之外，難得有時間閒聊。如果
我沒記錯，我們在《美國新聞與世界報導》
共事時，永平應該已經離開中山大學，他洋
洋五十萬言的小說《海東青：台北的一則寓
言》也已開始在《聯合副刊》連載。最近幾
年我和永平偶然談起在聯合報系大樓通宵達
旦工作的日子，我們都很清楚，那純粹是為
了生活。永平淡水的住處還留有兩套中文版
周刊的合訂本，我身邊卻已找不到這份雜誌
了。

1990年《美國新聞與世界報導》中文版在
出版三年之後，因銷路問題宣告停刊，我和
永平又有一段時間沒再見面。1992年《中外
文學》創刊20周年，台大外文系在濟南路的
台大校友會館舉辦紀念茶會，我去參加了，
意外地見到永平。其實想想並不意外，他早
年一度擔任《中外文學》的執行編輯，人又

在台北，他的出現是順理成章的事。茶會結束後我們同時離開校友會館，沿著濟南路走，又轉進中山南路和青島東路，到館前路才分手。我們一路聊，除了互道近況之外，我只記得他告訴我說他住在西門町。聽他這麼說還真令我有些訝異。西門町儘管龍蛇雜處，住西門町、靠西門町生活的大有人在，其實也沒什麼。問題是，永平為寫《海東青》而不惜離開台北的家，遠赴南投山區像苦行僧那樣閉門創作，西門町如何可能是適合他寫作的環境呢？不過那幾年他還真的完成了《朱鴒漫遊仙境》這部小說。

二

我跟永平較常見面是他到國立東華大學任教之後。我到東華多半是為公務，或演講，或評鑑，或評審，或參加研討會，有時過夜，有時當天來回。活動結束後向例會有餐敘，永平幾無例外都會在這個時候出現。吃飯時他啤酒一杯杯下肚，中途會突然不見，原來是到餐廳外面抽菸去了。早幾年我到花蓮都是搭乘飛機，飯後有時候永平就開著他那輛紅色跑車送我去機場，不然就由傅士珍幫忙接送。在往機場的路上，我和永平多半聊些生活近況。我隱約覺得他在東華適才適所，生活相當充實，教學與創作都很有成就。《雨雪霏霏》與《大河盡頭（上卷：溯流）》都是在這個階段完成的。他菸癮大，路上我不時勸他要稍稍節制。

後來再聽到永平的消息時，他已經自東華大學退休，人就住在淡水。我心想這樣子要找他就方便多了。2011年9月24日，東華大學空間與文學研究室和英美文學系主辦「李永平與台灣／馬華書寫：第二屆空間與文學學術研討會」，地點在台大文學院的演講廳，我受邀發表論文，討論永平初露啼聲之作《婆羅洲之子》。我原本以為可以在會場

見到永平，結果他沒出現，打聽之下才知道他動了心臟手術，還在靜養復元中。我知道永平獨居，當下就覺得應該給予這位老友多一些關懷。這些年來我未主動聯絡永平，原因並不複雜，除了自己生活忙碌之外，我總覺得他身邊同事與學生不少，何況他潛心寫作，我不了解他的作息情形，因此很不願意打擾他的生活。我只偶爾讀到他的新作，注意到他在創作上如何力求突破。

研討會結束後，在高嘉謙的聯繫下，我們幾位約好到淡水，永平邀我們一起餐敘。我記得那一天是2012年10月27日，浩浩蕩蕩赴淡水的除了我，還有張貴興、高嘉謙，以及分別遠從埔里和高雄北上的黃錦樹與張錦忠。吃飯的海鮮餐廳就在有河書店附近，面向淡水河。餐後永平帶著我們穿街走巷，來到淡水老街的丹堤喝咖啡。那天難得大家相聚，天南地北聊得非常愉快。我只記得永平提到有意在寫作中的小說完成後返回砂勞越一趟，還不時向同鄉張貴興探聽返鄉的程序。

那一天我走出淡水車站的一號出口，見永平和錦忠、貴興、嘉謙等幾位已在那兒等候，我和永平雙雙趨前握手，永平第一句話就說：「有成，一生孤老啊！」我乍聽之下不知如何回應，只有緊緊握著他的手，當時甚至有點自責：這些年來何以吝於給這位老友更多的關懷？後來我才了解，他跟年輕時認識的朋友和大學同學幾乎沒有來往。他曾經在三所大學教書，只是一離開這些學校後，過去的同事也像斷了線的風箏，很少再有聯絡。他是成名小說家，可是除了跟出版社的編輯稍有聯繫外，在文壇上近乎孤鳥。再加上心臟手術後，他已經不菸不酒，過的是隱於市的生活，除了跑醫院，跟外界沒有什麼往來。後來我還發現，他連三餐都很將就。他的生活似乎就只剩下寫作。

2014年11月10日，李有成（左）陪同李永平（右）前往廣東領取中山杯華僑華人文學獎，
偶遇同樣前來領獎的夏曼‧藍波安（中），攝於住宿旅館大廳。（李有成提供）

自那一次聚會之後，我和永平的聯絡較為頻繁，有時透過電郵，有時打打電話，有時也相約吃飯或喝咖啡。我常到淡江大學參加學術活動，幾乎每一次都會約他見面。我在台北邀約朋友餐敘，幾無例外都會邀他參加。有的朋友跟他熟了，見他沒有架子，不難親近，聚餐時也會請他參加。永平榮獲國家文藝獎時，德屏還特地在欣葉本店設宴，邀集好友為他慶祝。黃英哲每次從名古屋回來，只要時間許可，都會設法邀約永平見面吃飯。我也曾經想要把他年輕時所交的朋友找回來，結果只成功邀到高天恩。永平和天恩在分別三、四十年在淡水車站重逢的情景實在令人動容。今年六月間，當年台大外文系的另一位老友孫萬國從澳洲回來，天恩邀我們餐敘，我告訴永平，可惜他已經身體不適，而與萬國終究緣慳一面。在永平生命的最終幾年，這些餐敘之類的交誼活動多少為他原本孤寂的生活帶來了些許變化；而當他在病榻上為生命搏鬥的最後幾個月，這些舊雨新知就如家人那樣，無怨無尤地為他四處奔波，協助他，照顧他，使他在世時留下的身影不至於那麼孤單。這一切倒是我原先所沒想到的。

三

永平生命的最後幾年也是他在創作上的豐收期。他先後獲得了廣東中山市所主辦的第三屆中山杯華僑華人文學獎評委會大獎、台灣的第19屆國家文藝獎、第40屆金鼎獎圖書類文學獎、第六屆全球華文文學星雲獎貢獻獎，同時還獲頒第11屆台大傑出校友獎。永平對榮獲國家文藝獎特別高興，他將之視為台灣文學界對他的接納與肯認。台大傑出校友獎也令他感到振奮，他認為那是他的母校最終對他的肯定。他甚至遠從新加坡趕回台北接受這份榮譽，當時他正在新加坡南洋理工大學擔任駐校作家，這也是他很珍惜的一份榮譽。在他赴新加坡之前，任教於名古屋愛知大學的黃英哲申請到一筆經費，想邀永平到日本訪問，由我作陪，並已安排了若干活動。永平常說《朱鴒書》深受宮崎駿的

2016年3月25日，李永平（右）榮獲第19屆國家文藝獎，左為頒獎人黃春明。（高嘉謙提供）

2014年11月10日一早，我事先叫了一部車子，到淡水接永平同赴桃園國際機場。永平説他剛剛寫完《朱鴒書》，終於可以放下心頭的懸念。我們飛抵廣州白雲機場時，竟然在機場碰到夏曼・藍波安，他直接從上海飛到廣州。在中山市的四天三夜裡，永平必須連續參加頒獎典禮、宴會、座談、參訪、媒體專訪等活動，行程緊湊，我擔心他過度勞累，不斷要他放鬆心情。有的宴飲場合只安排獲獎者出席，永平出發前我只能一再叮嚀他要節制酒量，也提醒接待人員隨時注意他的狀況。有趣的是，在中山市那幾天，主辦單位從上到下，幾乎每一位都稱我「李醫師」！

永平給過我一張他的名片，上面沒有什麼頭銜，名字右下方只印上「一介布衣」四個小字，這應該是他對自己最簡明的界定。我和永平認交40年，我們相知相惜，互敬互重，尤其在他晚年，我算是他較談得來的朋友。他除了教書、翻譯，投身文學創作超過半個世紀，甚至在病榻上，念念不忘的仍是他那部尚未完成的武俠小説〈新俠女圖〉。他臥坐在醫院病床上奮力直書的情形至今歷歷在目。他告訴我，寫完《新俠女圖》後，還想寫一部以明代為背景的歷史小説，可惜現在都不能實現了。他是位令人懷念的人，他走後我不時想到究竟要如何描述我這位老友。也許永平最了解自己，「一介布衣」可能是他最好的寫照。

2017年11月7日於台北市南港

影響，希望有朝一日有機會到日本拜會宮崎駿，甚至與他對談。可惜因為他已事先答應南洋理工大學而錯失這次日本之行。

不過在這之前他倒是去了一趟中國大陸，那是為了領取中山杯華僑華人文學獎。行前永平請我到溫州公園旁的皇城滇緬餐廳吃飯，我把在台大備課的高嘉謙也找了過來。永平表示他想到中山市領獎，而且徵詢過醫師，醫師也同意放行，不過必須有人與他同行。他希望我能陪他一道去。我一時之間還真的有些猶豫，主要擔心他的身體狀況是否適合長途飛行；而且我深知大陸類似的場合會有不少酬酢宴飲的活動，深怕永平無法負荷。不過我看他赴廣東的興致甚高，而且醫師已經同意，我當然樂於與他同行。永平甚至還想一遊三峽，我和嘉謙連説萬萬不可，三峽之行日後有機會可以另作安排。

（原刊於2017年12月《文訊》386期）

如風如火的烈酒青春

◆ **李儀婷** 作家、走電人電影文化公司總監

認識李永平老師，是2000年。

那一年，我為了考東華創英所，提前搬到花蓮，不只為了考試，也是為了去旁聽系上的課。

於是，在還沒考上創英所之前，我就已經先認識了《吉陵春秋》，先認識了《海東青》，也認識傳聞性格如風如火如烈酒的李永平老師。

其實傳聞只是傳聞，烈火也需要風和柴的助燃，才能火得起來。我認識的永平老師是個和傳聞相去甚遠的模樣，他待人溫潤和善，對人總是笑。

還記得我第三次鼓起勇氣報考創英所那一年，複審面試時，評審的三位主考教授，只是對著我點頭微笑。在場的Z教授溫暖的說了一句：「考完就放輕鬆，好好的去玩吧。」一旁的李永平老師聽了，也笑咪咪的對我說：「是啊，去玩吧，你考沒問題，去放輕鬆吧，去跳舞啊，去唱歌都行，就去好好玩吧。」

我永遠記得永平老師的那張臉，那是一張既肯定又溫暖的笑臉，給予我無限的力量。

在那張笑臉的鼓勵之後，我果然順利的考取研究所，正式成為創英所第三屆的學生，也正式拜請李永平老師，成為我的論文指導教授。記得老師指導論文的那一年，有著學長何致和、我以及同學李芙萱三位，一起共同選修論文指導的必修課程。

每周五晚上，我們三個學生群聚老師宿舍，坐在老師宿舍內的客廳裡，和永平老師，展開了為期一年如夢如幻的指導時光。

我總是像貓一樣窩進老師的白色布面沙發裡，看著同期修課的同學交出來的創作，彼此分享著創作上的看法與想法。其實老師對創作總是侃侃而談，因此不需要發言的時候，我總是坐在那兒觀看老師的房子。

那是一層不算豪華卻非常美好的單身宿舍，裡頭有著簡單乾淨的小客廳，面向一個寬大的陽台。房子裡有一小小的廚房以及浴廁，浴廁隔壁就是老師的房間了，房間內陳設簡單而乾淨，想來老師一個人生活雖然孤寂，但至少有度。

這樣討論創作的日子，維持了幾周後，某一天，老師突然心有所感的說：

「創作就是人生，有豐富的人生體驗，才有豐富的創作，在屋子裡討論創作，不如到外頭討論去。」

就這樣，從那天開始，老師燃燒著如烈酒的青春，就為了陪著我們這些學生，開著他那輛顯眼的紅色跑車，由學長坐前座，我和芙萱則趨身彎腰鑽進跑車的後座，讓老師天南地北的駕車，闖蕩花蓮這個清幽朗朗的城鎮，用生命去體驗比創作更重要的人生。

舉凡夜晚有燈火的地方，我們都停留過，

諸如：南濱夜市、山中傳奇茶藝館、秘密海茶店……車走到哪兒，我們就停哪兒暢談創作，一切那樣的安然與隨意。

老師對待學子的創作，總是懷抱著寬容與大度的姿態，他自己是個小說家，卻不像眾多的小說家那樣一筆一畫去干預學子的創作，不僅包容創作者的意圖，還主張創作者擁有全然的創作權，因此面對學生的創作，他總是全然的接納、聆聽創作意圖，與創作路徑的筆法，在意境與企圖上，僅提供他創作的經驗與想法，從不勉強學生更改作品，他那樣永遠誠摯而溫潤的態度，讓我怎麼也忘不了。

李永平老師，對自己的創作，是那樣的嚴謹與小心，但對學生的創作，卻是我見過最寬大的人了。

論文課程修業結束，我也漸漸少了與永平老師固定見面的課程，只偶有在校園散步時，遇見老師身影。

花蓮壽豐的午後天氣，因為靠山，所以午後雷雨總是不留情面的降落下來，雨滴穿過校園裡的小葉欖仁樹葉縫隙，滑降地面，雨後的校園，多了份舒爽的清幽。

好幾次走穿校園的餐廳，總會看見老師悠哉的提著一只剛從餐廳買將好的便當，獨自一人散步回居所。不知道為什麼，看著老師身影，我總覺得他是孤傲且寂寥的。一直以為，老師會那樣的為學生，為創作，在花蓮壽豐這個小鎮揮霍另一個半百的時光吧。

直到有一天，午後的斜陽還未完全隱匿於山頭，我接到同學芙萱的電話，她告訴我，她人就在老師研究室外，她決定冒一點險，遞交一封情書給老師，只是一來到老師研究室前，她就緊張得全身虛軟，遲遲不敢踏進研究室遞交信件。

那天午後的空氣，乾淨清甜，至今仍深深的印記在我的胸肺裡，我為芙萱的勇敢，為老師的美麗情緣，感到無比的幸福。那日過後，他們走過一段五年的情感歲月，彼此擁有著彼此，我永遠記得那美麗的感動。

2017年6月的某日，我在醫院照顧著生病住院的孩子，半夜，我接到H總編傳來訊息，述說老師罹癌，且生命已在倒數。我告訴自己，日子一得空，就要記得去探訪老師。無奈日子總是被身邊的孩子與工作牽扯得沒縫隙，探訪老師最好的時光就這樣悄悄遠離了我，直到再接到H總編的訊息時，已是九月過後，當時老師陷入昏迷，生命已來到盡頭的尾端。

我悲傷的強行抓住生命的尾端，趕忙來到老師病榻前，來見老師了，只是老師只以全身不自主的痙攣抽動來回應我的到訪，意識恐怕已經飛到別處去笑看我的到來吧。

我在充滿儀器聲音的病房裡，對著不時抽動身體的老師，悲愴的說著：「老師，我是李儀婷，謝謝那些年您教我們創作，帶領我們去體驗生活，更包容我們的創作自由的權力，真的非常謝謝您。」

離去前，我用手，觸摸了老師的手臂，如同以前我們走訪花蓮時的那份師生情誼的美好，向老師深深的告別了。

告別後，老師停止了顫顫，似乎回應著我的話語，似乎也用寧靜的方式，與我做了一場告別。

親愛的永平老師，謝謝您用那如風如火的烈酒青春，燃燒熱情，給予學生最大的寬容，讓我們擁有最大的創作自由權。謝謝您，再見了。

P.S.僅此紀念永平老師用生命，教導所有的學生，創作者是擁有絕對的創作權，願他的學生，都能珍藏這份寶藏，風雨也不能阻礙的持續走在創作的路上。

（原刊於2017年12月《文訊》386期）

斷弦一響後的無限空洞
初讀〈涿州客店〉

◆ **邢詒旺** 詩人

1.因為追悔，所以沒有時間後悔

在〈涿州客店〉，趕路的白女俠流了一夜紅血，不是殺人，而是分娩。舊的是劍銹，新的是嬰孩。皇帝老兒暴死的大新聞，彷彿隱伏著一首斷了弦走了音的復仇曲（敵人消失在永恆中）。斷弦一響後的無盡空洞，也許正應了李永平的武俠音色。趕路的武俠，生殺一體的武俠，母系的武俠，沒有時間後悔的武俠。喜鵲般的李鵲，怎麼不是熱情而強制冷靜觀看、把急速的時間一一放慢成空間，攝影機般轉動眼珠子的少年李永平。所謂亢龍有悔，也許李永平的一個寫作魄力就來自追「悔」。「悔」（恨意，憾意，歉意）的內容是什麼，有待細讀，難以明說。至於「追」的歷程，也許就構成了他小說生命的整體形式（長篇的追溯）。追者，從也。溯洄從之，道阻且長。因為追悔，所以沒有時間後悔。

2.比馬來西亞年長的那一輩

1957年，馬來亞獨立。李永平10歲，隔著南中國海的馬來亞，對童年的李永平及婆羅洲，有何感情上的意義和聯繫？1963年，馬來西亞成立，李永平16歲，16歲時才認識的親人（如果那竟是白女俠），那是什麼樣的感覺？1965年，新加坡脫離馬來西亞，李永平18歲，事件多少和種族課題有關，好像剛剛和一個親人相認又因為家庭利益而被推開，如果這是你的18歲，如果你隔海看著這場比小說還小說的現實，那是怎樣的衝擊、困惑和失落。同一時段發生的還有印尼排華，稍後有五一三。少年李永平之於馬來西亞，是根本還未親近就被推開了。他之所以潛入內心與文字世界，依戀台灣數十年的滋養，憧憬完美情節般的中國意象，後又以大河盡頭暗暗呼應了康拉德和奈波爾這兩位大河浪子，故鄉無法是故鄉，沒有一處是故鄉，李鵲追著白姐姐（和白素貞有關嗎？白毛女？這個伊，這個老母，這個母系意象，不就回應了某種始終無法長大的悔意），甚至一度拒絕被歸類為馬華作家，其中的愛恨，其中的無法釋懷，恐怕是難以勢利或不忠來責備或嘲笑的。難啊。英雄在小說中闖關追尋，卻被人指著背影說他對家國薄情，雖然殘念，卻也不稀奇。其實，李永平比馬來西亞年長16歲，這個小他16歲的弟弟在兩年後就把另一個象徵意味濃厚的手足新加坡推開。要李永平「回來」馬來西亞，或者要一個哥哥效忠一個推開哥哥的弟弟，這可能有一個時間和情感上的尷尬。西馬人實在不能不顧及這一份空間及時間上所造成的觀念差異，以「馬來西亞華人」來套李永平的頭，套不住的。我們若譏諷李永平，我們有

43

李永平武俠小說〈新俠女圖〉「楔子 涿州客店」的手稿及校對稿手跡，從中可見李永平對文字運用的修正。

幾個比李永平對小說（文學）付出更多？老虎不必嘲笑老鷹（如果你是老虎），大鵬據說也曾經是魚。

3.把水撒在水面上

李永平的骨灰撒在水上，我覺得是貼切不過的安排了，把浪子還給浪，把水撒在水面上。他無從葬身中國，他的中國是形而上的中國，肉身難至，李鵲早已預知要被白女俠遺棄。他如何葬身台灣，台灣的哪一個土地把他生出來？他要是葬身婆羅洲，那他這一生的流浪又情何以堪，那份回不去的時空，那故鄉。那個追隨白女俠一路北上，然後被遺棄的，小浪子李鵲。他有驕傲嗎，你看看他的化身：吱吱喳喳自得其樂的喜鵲。他可

沒有自稱李鵬（姨）。

4.收拾身心的包袱

也許，少年李鵲是羨慕白姐姐的嬰孩的，羨慕嬰孩和白姐姐切不斷的聯繫（盡管臍帶要斷，奶也要斷），但又不能鑽進母體再被生一次（請參考聖經故事）。白衣女孩變成了母親，從受辱自盡的少婦（《吉陵春秋》）化作帶子上路的俠女，追悔的器具從棺材變成了劍。而李鵲終究是要被白色母親遺棄的，且在被遺棄後獲得了故事，收拾身心的包袱，轉身看看人間這曾經的故鄉。

2017年10月11日

（原刊於2017年10月24日《南洋商報》）

跨越與回返，聆聽與重現
使者朱鴒

◆ **周昭翡** 中華民國筆會秘書長

小說家李永平2016年3月獲頒國家文藝獎後，《文訊》封德屏總編邀約了一次餐敘，席間他說到，小說最了不起的是典型人物的塑造。像《紅樓夢》就是很厲害的小說，當你說「這個人像林黛玉」、「那個人像賈寶玉」，或說誰像個劉姥姥，大家都心領神會，知道在說什麼，一部小說中創造出那麼多的典型人物，非常了不起。金庸的武俠也是，郭靖、黃蓉，楊過、小龍女，張無忌、韋小寶，這些都是武俠小說裡的典型。「如果要說我寫的小說有沒有創造出什麼典型人物，朱鴒勉勉強強算一個吧。」

在李永平的小說中，除了較早的《婆羅洲之子》、《拉子婦》、《吉陵春秋》之外，從《海東青》開始到最後完成的《月河三部曲》，朱鴒的身影貫穿其間，逐漸成為最吃重的角色。特別是最後一部《朱鴒書》，朱鴒跳脫了小說家的掌控，獨自前往小說家的故鄉，重現婆羅洲的故事，李永平說這是他40年文學生涯中，最大膽、新奇的嘗試，也是迄今最滿意的作品。朱鴒是他的繆斯，他的使者。

朱鴒的形象為何？在2017年9月24日李永平的追思會上，紀念影片出現一幅朱鴒繪圖，這個約莫七八歲的小女孩，擁有一雙靈動閃亮、水汪汪的大眼睛，尋常可見日本漫畫中的少女造型。這立刻讓我聯想到《神隱少女》裡的千尋。的確，他自言受到宮崎駿動畫電影的影響，綺麗無比、變幻莫測的卡通世界，也彷彿是李永平筆下的小女孩朱鴒一次又一次的冒險之旅。

朱鴒的尋常對李永平可不尋常，就像《小王子》裡那朵埋在心中獨一無二的玫瑰花。這個角色的演變，開始在《海東青》和《朱鴒漫遊仙境》中，以具體形象出現，也略述其身世。她的父親，江蘇人，在1949年猶年輕時跟隨蔣介石軍隊來台灣，漂蕩20年，年屆四十才娶了15歲的台南姑娘，就是朱鴒的母親，後來育有朱鸝、朱鵟、朱鴒三女。外省父親與本省母親全然不同的背景，看出了背後牽扯著中國與日本的對峙，藉朱鴒口中說出相處的困境：「就好像兩股血液在我血管裡，亂竄亂流，好像兩個大人在我身體內打架」，這為小小朱鴒帶來困擾，煩悶的她只好逃離失和的家庭，在大街上遊蕩。遊蕩，李永平特別喜歡用的「迌迌」兩字，成為南洋浪子、小說家李永平與小女孩得以連繫的橋樑，這一大一小的靈魂在街上遊蕩構成的畫面，是朱鴒留給讀者的一記鮮明印象。

《海東青》展演了世紀末的慾望城國，台北都會彷彿一座人間鬼域，奢華伴隨墮落；

45

在《海東青》和《朱鴒漫遊仙境》中，小女孩「朱鴒」開始以具體形象出現。

《朱鴒漫遊仙境》記述七個小女孩，包括早熟的朱鴒，和每晚必須在燈紅酒綠的風化區賣花的同學，她們兩人把所見所聞說給朋友們聽，小說的結尾：女孩們走入一間旅館借廁所，這裡卻是一處販賣少女的集團組織，漫遊仙境的小女孩顯見在劫難逃。小說在這裡戛然而止，讓人心頭一凜。這兩書某種程度象徵了台北受到資本主義衝擊，光鮮亮麗的表象下往往有其不堪入目之處，控訴意味濃厚。唯一的解決辦法是凍結時間，讓青春歲月永遠留駐。只能感慨期望：「丫頭，不要那麼快長大！」

李永平對這個勇敢、早慧、心思敏捷、口齒伶俐的小女孩朱鴒始終不能忘情，幾年後的《雨雪霏霏》中再度召喚，回到相遇的原點，並清楚描述其細節：古亭國小一年級小學生朱鴒，在學校門口，手拈粉筆，一筆一畫在水泥地上寫著「雨雪霏霏，四牡騑騑」幾個字。這出自《詩經》的句子，小小年紀的朱鴒或許並不全然理解，然而憑她的冰雪聰明、古靈精怪，抄自父親書頁上的句子，

她多少有所感知，映現對遙遠中國的想像。這同樣是李永平有過的執念。圖騰式的、中國獨有的方塊字，一字一世界，展現萬花筒般的百變風貌，卻也如高聳的圍牆，固若金湯的監獄，裡面燦爛華麗又是難以擺脫的緊箍咒。

兩人在古典詩句中相遇，「一顆心生了七、八個竅」的朱鴒和《紅樓夢》的林黛玉一樣「心較比干多一竅」，這回具體形象褪去了，取而代之是深層交流的靈魂。

李永平常說他有三個母親，婆羅洲是生母、台灣是養母、中國是嫡母。他藉著小說書寫尋找這複雜情感的出路。儘管在中國文字長河中汲取豐富的養分，曾寫出像《吉陵春秋》道地中國北方語言的李永平，經由對朱鴒的傾訴而轉向了，開始回到婆羅洲熱帶雨林的童年來時路，也是少年成長過程中如何刺傷一個又一個女子的懺情錄。《雨雪霏霏》讓我印象特別深刻的是最終章〈望鄉〉，故事中的婆羅洲少年闖入神祕幽深的「台灣寮」，這裡是太平洋戰爭期間，

2015年李永平返古晉祭拜父母。他曾說這次返鄉，心中的結打開了。
（高嘉謙提供）

古晉皇軍的慰安所。少年被這些因子宮被捅破潰爛而不能生育的三個女性視如己出疼愛著，最後因為謠言，傳出他是慰安婦「私生子」，他為不讓生母難過，從而舉發了三姊妹「非法賣淫」。什麼是「罪」？誰有資格向妓女投擲石塊？在誘惑與背叛之間，往往一念之差造成難以彌平的內心創傷。與朱鴒因緣際會、異地相逢，她聆聽他不為人知的祕密，共享生命中幽黯的陰影，時而興致勃勃，時而感傷落淚，如宗教告解般，成為南洋浪子唯一的救贖。

從《雨雪霏霏》開展出龐大的《月河三部曲》，時間點是《雨雪霏霏》那一夜之後的三年，《大河盡頭》中一趟少年永的奇幻之旅，展示了婆羅洲的異國情調，雨林的狂歡與激情，性、啟蒙和歷史傷痕相互穿梭交錯，他不厭其詳、持續地向朱鴒喃喃訴説。然而，走到大河盡頭就是源頭了，朱鴒被小説家側寫、塑造，成為南洋浪子跨越到台灣的隱密路徑，又進而成為聆聽小説家告解的對象，到了《朱鴒書》，更讓小説家乘著這

隻羽翼稍稍豐滿的紅色領路鳥的翅膀飛翔，返回婆羅洲，朱鴒從聆聽者變身重述者，以她的眼光再現「李老師講過的」婆羅洲。這時的朱鴒12歲了，她遇到無數遭遇劫難的少女，並以實際行動拯救她們。成為一則永恆的神話。

李永平與朱鴒之間靈犀相通，朱鴒不僅是一個故事角色，已經化身種種抽象概念，背後有著生母、養母、嫡母的呼應和想像，兩人對話有時像戀人絮語，有時又像老父對女兒的期望與不捨的叮囑，他希望朱鴒接班，成為小説家呢！如此糾纏，都是小説家發自靈魂深處的吶喊，與小説之間永劫回歸的繾綣深情。因為朱鴒，那曾被拆毀的，得以在文字中重建，在故事中輪迴，魔法般地回到童稚時光，再重新訴説，迷霧中的歷史慢慢清晰顯現，內心的創傷逐漸被撫平，齟齬不休的過去種種，終有機會走向和解之路。

（原刊於2017年12月《文訊》386期）

恣意一生為文學
浪子帶著朱鴒回家了

◆ **林秀梅** 麥田出版副總編輯

朱鴒，來自台北的小寧芙
因緣巧合，被送進
婆羅洲第一大河，月亮之河
從事一趟熱帶雨林心臟之旅
因而墜入了一個離奇荒誕的世界⋯⋯

李永平老師今年9月22日下午2:52離開我們了，離開前在淡水馬偕醫院的加護病房，有他最親愛的妹妹、兄弟、侄子、友人陪伴在旁；之後的火化，家人將一套《月河三部曲》一起，「小朱鴒」從此永恆伴他，一起在另一個世界繼續他們的冒險旅程⋯⋯

李永平老師與麥田的合作，始於王德威老師為麥田主編的「想像台灣」書系，該書系主要收錄與台灣有特殊因緣的作家作品，包括施明正、郭松棻等，當時的書系編輯胡金倫，推薦李永平老師，因此收入《迌迌》這本書。之後王德威老師主編「當代小說家 II」，再次收入李永平老師的《大河盡頭（上卷：溯流）》，這本書出版後，獲得中時開卷十大好書獎、紅樓夢獎專家推薦獎，聽說若不是它只是「上部」，還有「下部」未完成，那一屆紅樓夢獎的正獎可能就是它了。

我是在《大河盡頭（上卷：溯流）》之後才接手編輯老師的作品，當時我與老師提出為他開「作品集」的合作，他一口答應，除了繼續出版他的新作之外，也希望他重要的舊作能慢慢轉到麥田來出版，這是麥田對重要作家一向的尊重做法。彼時老師剛完成《大河盡頭（下卷：山）》，初次合作，我拿著校稿到淡水拜會，老師與我約在靠近淡水河邊的星巴克咖啡館，我清晰記得第一次看到老師，他手中提著一個黑色方形大公事包，昂頭挺胸大步穩健走來的樣子。當時看到提著大公事包的李永平，其實頗不習慣，那與傳聞中瀟灑的李永平形象頗不合（有「浪子」稱號的他，聽聞在東華開著跑車瀟灑恣意、大口吃肉大口喝酒菸不離手⋯⋯）。但後來與老師幾次討論文稿修訂等編輯細節中，我終於了然，其實提著公事包精細嚴謹的李永平也是他形象的另一面——從他的手稿可窺見端倪。厚厚一大疊稿紙，每個字都工整地落在一個個方格子內，從不踰越，一筆一畫讓人感受到他書寫這些中文方塊字時的膜拜敬意。同時，老師有一個有趣的習慣，他不喜排版的小說頁面上，有連續三個以上的標點符號並排，我親眼見過他修改《大河盡頭（下卷：山）》那厚厚五百多頁校稿，為了避開標點並排而一頁一頁加字減字的修潤過程，令人驚嘆。此外，老師對書封設計也有他一貫的喜好堅持，他

會清楚畫出他想要的書封樣貌，包括書名位置、大小、圖素、色調等，是一位非常堅持個人風格喜好的作家。

印象中，老師是一位心志堅強的人，2010年老師因心臟問題需住院手術治療，當時《大河盡頭（下卷：山）》還在編輯中，他堅持在手術前把校稿校完，並在進醫院前一天，冷靜清晰地跟我一一說明他修訂的細節，絲毫沒有動大手術前的焦躁不安；而心臟手術出院後，他更憑藉個人意志，迅速戒掉原本大量抽菸的習慣，完全不必假手醫療的戒菸系統……

細想老師的生命，不管是一個人隻身在台灣50年，幾乎不跟家人連絡，也極少與文壇友人交流。或者近半年進出醫院接受各種檢查治療，除非到後期不得已需要看護陪同，否則他總是一個人往返醫院，他常說他可以的，不用人陪。似乎他的生命不需要太多人

事的糾纏，又或許那些糾纏都已落在他的每一部小說中？

《月河三部曲》的套書出版計畫，源於2016年老師連續獲得幾個重要獎項榮譽——包括國家文藝獎、全球華文文學星雲獎貢獻獎、台大傑出校友獎，並受邀新加坡南洋理工大學駐校邀約……當時老師提及，希望他書寫婆羅洲的幾部作品，能夠有一個套書新版本，老師為它們命名《月河三部曲》。我們當然非常樂意，不僅因為他的得獎，還因為老師把他的作品交給麥田的這份信任。

2016年8月我們開始套書的編輯作業規畫，當時一起密切討論套書出版細節的還有台大中文系副教授高嘉謙。嘉謙是老師的馬華同鄉，他也是老師後來半年生病期間，奔走串聯老師周邊親友的靈魂人物之一，不管是老師作品的出版，或者老師身體的醫療關懷……這種同鄉無私的情誼展現，讓旁觀者

2016年麥田宴請李永平，祝賀榮獲國家文藝獎。前排左起：王德威、凃玉雲、李永平、張錯、李有成，後排左起：林秀梅、張貴興、胡金倫、高嘉謙。（高嘉謙提供）

「朱鴒」，這個貫穿李永平小說的靈魂人物，是李永平心中永遠的「小寧芙」。「漫畫小朱鴒」被完美創造出來，真正成為李永平小説的logo人物。（插畫家魅趣繪圖，麥田出版提供）

我非常感動（同鄉感人的情誼也同樣體現在李有成、張貴興、黃錦樹、張錦忠、胡金倫身上，他們以往可能只有少數幾次跟老師連繫，但老師生病期間，頻頻探望打氣，從未間斷）。2016年9月老師去新加坡南洋理工大學駐校前，我們已大致敲定套書的出版時間及形式；那時的他，還能跟我們侃侃而談他的新武俠小說創作計畫，還沒有大腸癌帶來的明顯病徵，是剛得了許多大獎，對創作、生命仍充滿熱情的時候。

《月河三部曲》共包含五本書，四本書寫婆羅洲雨林的代表作《雨雪霏霏》、《大河盡頭（上卷：溯流）》、《大河盡頭（下卷：山）》、《朱鴒書》；一本有關李永平研究的專書《見山又是山——李永平研究》。四本小說分別在2010、2013、2015年已出版，套書版的《大河盡頭》（上下），依據老師2012年為大陸簡體字版作的大幅修改版本重新作定稿，上冊的序言老師覺得太冗長，也另寫了一篇新版序，《雨雪霏霏》、《朱鴒書》則維持原版內容。李永平研究專書，則在嘉謙大力協助下，收錄了有關李永平作品的重要評論、訪談，與親友的照片、書信，各種版本書封等。五本書以硬皮書盒包裝限量發行；整個套書設計風格完全依照老師希望的方向，並特別邀請書法大師董陽孜女士為書名題字，而最特別的是，「小朱鴒」永遠是老師關注的要角，這次老師要求要讓漫畫小朱鴒，出現在每一本書封上。

「朱鴒」，這個貫穿老師小說的靈魂人物，李永平心中永遠的「小寧芙」，在2015年《朱鴒書》初版時，就已從文字走向具象化了。當時老師提出希望有一幅「小朱鴒」的漫畫人物加入書封元素，雖然我們跟設計者都擔心這樣有點突兀，但作者堅持，我們就盡量想辦法做好。老師特別指名要用漫畫形象呈現，經過多方尋找，終於找定一位台灣年輕的插畫家魅趣，根據老師希望的朱鴒形象（包括髮型、穿著裝扮、神態、手持刀劍的姿勢）畫出。完成稿給老師時，他看著那小朱鴒的眼神亮晶晶，喜歡極了。這個漫畫小朱鴒被完美創造出來了，她也真正成為李永平小説的logo人物，套書的每一本書背上方，「漫畫小朱鴒」永遠伴在「李永平作品集」身旁。

而這次整體套書的設計，雖然是在老師的

想法下確定的方向，但獲得國內外不少獎項的新銳設計師廖韡，他精準抓到了老師想要的精髓，為此套書加了分，設計稿完成時，老師非常滿意。

《月河三部曲》整個套書的出版過程，從2016年底開始，原本一切都在計畫中從容的進行著，但卻在2017年的5月開始變調。5月1日，我突然收到老師的來訊：「我近來情況不佳。自新加坡回來後，容易疲倦，晚上常因氣喘驚醒。最近照超音波，發現心臟肥大，這可是危險的訊號。偏偏近日又發現腸胃無緣無故疼痛，時常腹瀉，食物無法吸收，以致體重一下子暴瘦八公斤！我的身體已很虛弱，一切活動和寫作暫已停止，專心養病……」接著5月18日早上，老師進振興醫院做大腸鏡檢查，當醫生告知老師已是大腸癌末期時，我們震驚、擔心，但彼時亦知道，套書必須加快腳步出版了。

終於在多方的幫忙下，套書在9月9日順利出版，並在《文訊》封德屏社長的大力協助下，與紀州庵文學森林合作，為老師辦暖壽（老師生日是國曆9月15日）及套書發表會，希望藉此激勵老師，並向他獻上祝福。老師當天現身會場，與文壇後輩郭強生、黃錦樹、駱以軍、甘耀明談起文學的灼灼熱情，讓人相信，他寄望生命能給他更多的時間，讓他完成他的武俠小說創作願景是一個可以樂觀期待的未來，但這個願景，卻倏忽停留在9月17日，他住進淡水馬偕急診室的這一天……

老師生命的最後，還在創作〈新俠女圖〉，記得化療前，去台大醫院探望，他那時身體已極虛弱，但仍拿起放在病床邊的〈新俠女圖〉手稿，告訴我們，他唯一的寄託，仍是寫作。

老師一生，恣意瀟灑，獨來獨往，他將生命中大部分的時光給了小說創作。我們堅信心志堅強的他，帶著對創作獨特的信仰，帶著他的小朱鴒，生命的最後，走得安詳，亦俱足完滿。

2017/10/10

（原刊於2017年10月30日閱讀誌OPEN BOOK「作家的老師：李永平」紀念專題）

2017年9月麥田出版重新編製的《月河三部曲》套書，收錄四本李永平代表作《雨雪霏霏》、《大河盡頭（上卷：溯流）》、《大河盡頭（下卷：山）》、《朱鴒書》，以及一本李永平研究專書《見山又是山》。（麥田出版提供）

緣起南大
記李永平老師

◆ **邱向紅** 新加坡國立教育學院學生

時間似滾滾流水，捲動著生命的河沙，不經意間就到了大河盡頭。

我和李永平老師緣起於南大。初次相遇，其實是在新馬文學課上。作為一名小說家，李老師之於讀文科的我而言，自然是未見其人，先聞其名。一直到後來，中文系請來李老師擔任駐校作家，而我也有幸擔任接待員，由此與李老師結下了一段緣。

猶記得李老師剛抵南大不久，我陪李老師在校園進行一些駐校作家的例行拍攝。當時已接近正午，火熱的太陽已爬得老高。李老師說他身體弱，經不住太陽的炙烤，且他也無意於校園中的鋼骨水泥。因此，我們決定只在文學院一帶拍攝。

走了幾個拍攝點，李老師最愛的還是在草木蔥蘢中散發著歷史氣味的華裔館。手持一書的他一來到華裔館，在石階上徘徊、觀望了下，便隨意挑了個樹影晃動的陰涼處坐下。微風吹過，汗水雖依舊揮灑，李老師臉上卻多了一絲祥和。就這樣，我們以華裔館作為同一背景，為李老師拍了好些張照片。雖說攝影師不是我，但因為在一旁觀看，我也不禁拿起自己的手機拍下一些照片。

人生不外一個「緣」字——這是李老師最常說的一句話。我和李老師緣起於南大，而李老師與南大，又有著另外一段奇妙的緣分，這也是他鍾意於華裔館的原因。他曾提及，當時還年少的他，常常會佇立在砂勞越

李永平於南大駐校的第一堂課。
（盧筱雯提供）

河口，一個人眺望著大海另一端的新加坡，心裡滿懷著的，是有朝一日到南洋大學求學的希冀。然而，李老師最終峰迴路轉去了台灣，路途中只到南洋大學作短暫停留。卻未想到，這不足一小時的逗留，卻使得他日後常常夢回雲南園，夢見自己出現在南大校園裡，自己一個人坐在華裔館石階望著天空發呆，就如照片中的他。

　　如今，這些深受李老師喜愛的照片，依舊鑲在我的手機儲存卡中。睹物思人這句話說起來老套，但從古至今，似乎沒有什麼比這更能讓人感受到離別這回事的存在。李老師過世至今，我偶然還會想起他在南大校園中的身影，還有那每每路過他宿舍樓下時都會望見的那扇透著亮光的窗戶。

　　那是李老師駐校期間在南大的教職員宿舍。李老師剛搬入的那天，由我和一位系友負責幫李老師搬家。我們拖著行李，從原本暫住的校內酒店出發，走走停停，幾乎走了大半個校園才抵達宿舍。雖氣喘吁吁，還得爬個二樓才到，李老師卻很滿意。他在房子內繞了一圈，告訴我們的第一件事，竟是他已挑了個有書桌的房間拿來寫作之用。我們尾隨李老師來到房間，只見一張黑色的書桌緊挨著窗戶，窗外一片綠意。原來這扇窗面朝正門口的柏油路，對面望去是一片濃鬱的

2016年，李永平應邀擔任新加坡南洋理工大學駐校作家，攝於該校華裔館。（黃詩倫提供）

樹林，樹林旁就是南大湖畔了，如此草色入簾青的景色頗適合寫作。在李老師駐校期間，我偶爾夜晚路過，都會瞧見那扇窗戶依然亮著白燈，而窗戶裡頭有另一個精彩的世界，正與我們的世界肩並肩，平行前進著。

　　李老師對寫作的那份堅持，直至與病魔抗爭之時都未曾捨去。或許，在以後每個想要放棄寫作的日子裡，我都會想起南大校園裡的那扇窗，還有那如今漸弱的燈光──沉默，而又巨大。

　　（原刊於2017年11月2日《聯合早報》）

俠女隔江猶唱月河曲

◆ **胡金倫** 聯經出版公司總編輯

今年的夏天特別漫長嗎？直至十月初還悶窒窒的，空氣濕度非常高，皮層上彷彿黏了一層細細的，汗珠。

但其實那是幽幽的憂慮。

今年的夏天特別多颱風嗎？海棠走後，文藝營結束，我和同事陳逸華去看您。這是我第一次去您淡水的家。遠眺窗外的淡水河和遠處的觀音山，我記得您曾經說過，淡水河很像婆羅洲砂勞越的拉讓江。而觀音山呢？是否會讓您想起《吉陵春秋》裡的長笙？

環顧一室，朱鴿漫遊他方，只有一縷俠魂縈繞心頭。簡樸的生活，清幽的平淡，您微微的笑意，偶爾的慍色，總讓我惆悵不已。天涯何處覓字蹤，您念茲在茲，不肯放棄的，是稿紙上塗改再塗改的，未竟的下一回。

創作，真的這麼重要嗎？直教您生命相許，捨我其誰。

無他，浪子也好，遊子也罷，或婆羅洲之子，千里迢迢，神遊舊時舊居，夢迴山河莽林，今生今世，此時此刻，唯有懷抱文字，揮灑文字，才能療癒缺憾，彌補失落。

而我，常常不自禁的想起，那一年的冬天，與您相見在峨嵋街的十字路口。您魁梧的身影，叼根菸迎風獨坐，雖然兩鬢有點斑白，我相信那就是傳說中的您。

如果沒有那一次的相遇，會有後來的《大河盡頭》嗎？偶爾我會問自己。

再有一次，您拎著熟悉的，泛舊的手提公事包，獨自坐在騎樓下，怔怔望著對面的大廈。您說您以前住這裡，和小佩。我「哦」了一聲。那是非常偶然的一次相遇，重啟了日後我們這些在台的馬華人有緣多相聚，清酒三酌。那時候您已戒菸戒酒，但仍然擋不住醇香的誘惑。您話不多，對著相機鏡頭的小小靦腆，談書論書，小說裡來小說去。人生得意須盡歡，莫使金樽空對月。結束後，您拎著熟悉的，泛舊的手提公事包，坐上捷運，往淡水回家的路上。

一列快車乘載得住幾許輕愁？您有什麼愁嗎？

我記得您說過，最想回婆羅洲。此去經年，離開原鄉30年後，您終於返鄉探親並掃墓，祭拜父母親。鄉愁的路上有您深深淺淺，蕭瑟的足跡，踩印在歸去，也無風雨也無晴的長途。重返雨林，重遊貓城，少小離家少年永，老大回家少年永。無改的鄉音等待您的，是鬢毛已催的赤子之心。原鄉與他鄉，故鄉與異鄉；從婆羅洲到台灣，幾度春風幾度霜。由島至島，從江到河，溯洄溯

2013年，王德威（前排左）、高嘉謙（後排左）、胡金倫（後排右）至淡水訪李永平（前排右）。（高嘉謙提供）

游，且將此水他鄉飲。三千已多，唯取一瓢，愁心已慰。

從此淡水有您的記憶，也有我的記憶，我們的記憶。

傍晚的捷運，晚上的捷運，煙茫夜靜，車上行人各有心事，模糊不清的臉龐是欲揮之而後快的憂愁。今朝一別，明日幾時有，我們還會再相見嗎？回到台北，虛寂深深深幾許，彷彿那揮一揮手，就帶走了所有的語言，留下瘖啞。

與日照競跑，與月光競走，來自東西南北的我們，其實是希望爭取更多的一分一秒，在淡水與台北、新北市之間。有了這一次的再見，是希望有下一次的再見，不是不見。

而您，依然堅強，為生命而戰，為文學而鬥，未怕凋敝，勇敢向時間之神下戰帖。

那一天新書發表會結束後，晚上我line您，請您Take care。您說：謝謝你來，好朋友。我說：應該的。和您認識，始於麥田，因為文學，真的是緣分，多保重。您回說，yes！

我的眼淚潰堤了。從此以後，我和您的line，停留在這個畫面上。

這是一個令人不快樂的夏天，讓人的情緒跌宕至最谷底。人近中年，往事幽幽。午夜驚醒，輾轉反側，此憂無計可消除。少年不識愁滋味，為賦新詞強說愁。而今識盡愁滋味，剪不斷理還亂，卻道為時已晚，徒留唏噓。

從此真的是追憶逝水年華了，一句珍重萬千只能向淡水河遙遙在望。只不過這是拉讓江的一瓢江水嗎？或卡布亞斯大河的滾滾河水？還是淡水河的故人背影？往事不會消逝如輕煙。不過俠女隔江猶唱月河曲，在心裡默默吟誦著：

> 月光光，照地堂；年卅晚，摘檳榔……
> 月光光，照地堂，蝦仔你乖乖睏落床，聽朝阿爹要捕魚蝦囉，阿嬤織網要織到天光。

是的，這是您筆下的淡水河，也是卡布亞斯河，也是我們的「月河」，Moon River，月河上的光亮，燦爛您回家的路，找到回鄉的路。

（原刊於2017年12月《文訊》386期）

我與李永平的交誼

◆ **胡耀恆** 台灣大學外文系名譽教授

李永平祖籍廣東省，生於婆羅洲（1947年）。小學及初中就讀當地中華學校，高中時轉入英文學校。畢業那年發表小說，獲得一等獎。但因內容開罪政府，於是來到台灣，就讀台大外文系，畢業後進入研究所。

就讀台灣大學外文系階段的李永平，攝於1969年。（高嘉謙提供）

那時的系主任顏元叔先生，不僅是台灣光復以來第一個在美國獲得英國文學博士的學者，也是中文散文名家。惺惺相惜，於是在永平進入研究所後，聘任他為助教（1971年）。作為他老師之一，我們當然有所接觸，不過我的主要興趣是戲劇，他的則是小說，興趣各異，交往平常。

後來系裡出版《中外文學》月刊（1972年6月），我忝為總編輯，永平擔任執行編輯，時年25歲。《中外文學》最初旨在承繼著幾個月前停刊的《文學雜誌》。《文學雜誌》是武漢大學的文學大師朱光潛創刊，出版四期即因抗日戰爭停刊（1937年）。它在台灣由私人出資復刊後（1956年），首任主編是我在台大外文系的老師夏濟安教授。夏老師出國後（1959年），雜誌也轉由另家公司經營，但因虧損嚴重宣告停刊。顏元叔為了承續五四以來的這份文學堡壘，於是接洽承辦，可是對方居然要求轉讓費，他堅拒後自辦雜誌，取名為《中外文學》。

編輯這份源遠流長的刊物，永平和我滿懷戒慎恐懼。我們盡量模擬《文學雜誌》的做法與風華。在內容上，我們平衡刊載各種文類如小說、詩歌及翻譯等；在作者方面，不但廣邀文藝先進、創作高手，並且鼓勵重視

2016年11月15日，李永平（右）獲頒台大傑出校友獎，左為台大校長楊泮池。他們身後正中間坐著的是同屆獲獎的胡耀恆。（高嘉謙提供）

新人。黃春明、七等生創作的短篇小說，林文月翻譯的日本《源氏物語》長篇連載，都曾經過永平和我的邀約、發稿與校訂。每月月底，他和我都會一起去印刷廠看排版中校樣作品，時或改動，偶作評論，必要時互相切磋，大膽作最後的修訂。

兩年後我赴美任教，接著永平也前往美國深造（1976年），先獲得碩士學位，接著取得博士學位（1982年），時年35歲。他隨即回台任教，在國立大學從助理教授轉校升遷到教授，最後在61歲時提前退休（2008年），俾便能全心全力書寫他的小說。

一般來說，除了在美國攻讀學位時沒有創作發表之外，永平從高中末年到去世為止，每年都在創作發表，獲得種種獎勵。他獲得的最高榮譽是成為第19屆國家文藝獎小說類的得獎人（2016年）。我因為在擔任國家兩廳院主任時的奉獻，獲得台大傑出校友獎，他也以小說成就獲獎，我和永平因此同台，恢復了疏遠多年的聯繫。

我最後見到永平是在醫院。我們都知道他身患絕症，而且將不久人世，但是當我問他需要什麼時，他仍然向我借了兩本希臘悲劇。深讀它的人都知道：即使劇情中充滿兇殺死亡，它的精神永遠健旺。這也是永平一生的寫照：孤身在世界打拼，給人類留下沉思奮鬥的身影。

（原刊於2017年12月《文訊》386期）

憶李永平老師的作文課

◆ **桂業勤** 公職人員

「怎麼辦？怎麼辦？我不會教作文，我只會教小說，怎麼辦？」老師一進教室，就對著我們這群大二英文作文課的學生自言自語起來。

「這樣好了，你們這學期作文課就寫一篇英文小說。第一堂、第二堂課，你們就描寫一個地方，要細膩的描寫。第三堂、第四堂課，你們就描寫人物。第五、六、七、八、九堂課，你們就描寫情節，第十堂、十一堂課，你們就寫結尾。第十二、十三堂課，你們就整理前後的內容，變成一篇小說。先寫完，先交作文就可以先下課。」這位大塊頭、大眼睛、穿著牛仔褲的李永平老師，就和我們這群學生在1983年的西子灣結緣。

把寫作文當作寫小說，這有點新鮮。第一、二堂課要描寫一個地方，我想到小學畢業那年的暑假，我在台中清泉崗忠義村的俞叔叔家住了兩個月，每天都聽到戰鬥機和裝甲車的呼嘯嘶吼聲，我就將作文題目定為〈C.C.K.〉，一開始描寫清泉崗F104戰鬥機劃破天空、裝甲車碾過黃土地和裝甲兵弟兄的崗哨敬禮。

李老師在改了我的作文之後對我說：「我覺得你寫得不錯，可以好好的發展。」在老師鼓勵下，我接續描寫人物——俞叔叔，一位退伍裝甲下士，老來娶了嬸嬸，不幸小嬸嬸又過世，終老零丁。李老師對這位老榮民很感興趣，還跟我問起俞叔叔的身世。

在鋪陳情節方面，俞叔叔藉酒澆愁，和我說了一段長沙大會戰和火燒長沙的親身經歷。在發回這段作文的時候，李永平老師有點激動的對我說：「你的火燒長沙情節實在太悲壯了，我很好奇你要如何收尾，我很期待。」

我的結尾相當簡潔，從俞叔叔喝的紅露酒酒瓶中，我似乎看到火燒長沙中漂浮在湘河的血水，我和俞叔叔都無語，只聽到F104超音速戰鬥機劃過C.C.K.的呼嘯聲。李老師在我作文的最後一行寫了「good ending」！

學期結束前的最後兩堂課，李老師讓全班同學輪流朗讀自己的小說作品，並且提議可將同學們的作品刊登在外文系刊Zephyr上。最後全班同學的作文都刊登在系刊，只有我的〈C.C.K.〉成了漏網之魚。

系上另一位老師在看了我的文稿之後，把我找去辦公室，問我能不能不要刊登，我答應了。我的作文雖然沒登上系刊，但文稿一直保存到現在，李老師更正我作文的字跡筆

經過三十多年，李永平修改桂業勤作文的字跡筆墨依舊清晰。（桂業勤提供）

墨依舊清晰。

在2015年李永平老師獲得國家文藝獎的頒獎場合中，我還向老師提起這段「我不會教作文」的趣談，並且模仿老師自言自語的腔調，李老師說我學得很像。頒獎當天我也向老師提到流亡美國的前蘇聯鋼琴家賀洛維茲，認為老師一生的創作經歷獲得肯定，如同賀洛維茲榮耀故里，李老師認為我的比喻相當貼切。我同時問老師：「百萬獎金有沒有要扣稅？」李老師很認真的說：「沒有。」我開玩笑說：「沒有就好，否則我這文化部的學生又要挨罵了。」李老師聽了哈哈一笑。

李永平老師走了，從西子灣走向淡水河。英史美史歐洲文學史皆成昨日史，美語英語第二外國語此刻復何語。老師真誠有物的典範，讓我終生難忘受用。

（原刊於2017年12月《文訊》386期）

憶永平

◆ **高天恩** 台灣大學外文系退休教授

一

　　轉眼之間，永平已經離開人世整整一個月了。一個月來一直縈繞於我腦際的，不是他近兩年來日漸憔悴枯槁的病容，就是當年──四十五、六年前同在台大外文系當助教時，他那「流浪一匹狼」似的帥氣而昂揚的「南洋浪子」形象。

　　那是多麼鮮明的記憶啊？！一九七〇年代初，一切都是金黃色的！剛滿50歲的「大老闆」朱立民教授由系主任升為文學院長，高踞文學院二樓，是overlord；才三十多歲的「小老闆」顏元叔則是外文系主任，統領一樓半邊天，是our lord！新人，新政，新氣象！外文系全部課程更新，許多文學課程改用跟美國英文系一模一樣、又厚又重的英文原裝書。全校大一英文教科書統一重編。外文系增設了碩士班及比較文學博士班。外文系創設了《中外文學》月刊、《英文報章雜誌助讀》，並且在「新生大樓」開設了對全校以及校外大學程度年輕人公開招生的「英語進修班」──英文聽、說、讀、寫都由外文系「名師」任教。這一切都歸功於系主任顏公的雄才大略，也仰仗文學院長朱公的鼎力支持。當然，我們那些同為助教的死黨，各個不是教「英聽」就是任雜誌執行編輯。

高層，「朱顏改」，低層，油水豐。

　　我當助教的第二年，應該是1971年，有一天下午系主任顏公突然叫我們去把李永平找來系辦。記不得當時永平是否已經發表了他的短篇小說〈拉子婦〉，但卻模糊記得是孫萬國還是楊天強告訴主任，這個僑生畢業後一直沒事幹。於是，在那個陽光燦爛的下午，我們三個助教一同銜令走進楊天強位於臥龍街的家，在陰暗未開燈的客廳找到斜躺在一張舊沙發上的楊天強的同班同學，李永平，那是我對他永難忘懷的第一印象：高高瘦瘦，面色蒼白，一副奄奄一息的樣子，好像連早餐帶中餐都不曾吃過的樣子，好像一身油膩的舊衣褲也多日未洗的樣子，完全窮途末路的樣子。

　　但是，一旦當上了助教，什麼「窮途末路」？立刻一尾活龍啦！沒多久校園裡就出現了一位高高瘦瘦、趾高氣昂的南洋浪子，衣著光鮮，而且似乎有意無意模仿著大老闆朱立民高瘦英挺、走路略微彎腰，並且右手把西裝外套搭在肩上的瀟灑模樣。只不過，大老闆抽菸點火都是一派英國紳士風度，永平卻永遠嘴巴含著──而且上下牙齒狠咬著──一根菸，偶爾以雙指彈菸灰時，香菸濾嘴上總是留下清晰可見、參差不齊的齒痕──所以笑他是流浪一匹狼，哈哈，直到多年後他整了牙，香菸上的

齒痕也美觀整齊了。

二

　　真真懷念那兩三年在一起當助教的日子啊！永平在《中外文學》當執行編輯，剛剛從美國回到校園的新科博士胡耀恆教授，40歲左右，擔任《中外文學》主編，是永平的直屬上司，也在研究所開設戲劇課程，是我的授業恩師。但是由於一起打梭哈的關係，經常牌桌上「六親不認」，師生感情反而更真。朱院長、顏主任、胡教授三巨頭，往往應邀到和平東路朱府打梭哈，而我們幾個助教小嘍囉有時也有機會上桌，十分榮幸。不過，在朱府的「高階層」之戰是春秋之戰、君子之爭，可是回到文學院大樓之後，幾個助教卻把局面提升到戰國時代動輒「坑殺秦軍數十萬」的境界。說白了，在朱府，輸贏不過幾百元，在外文系期刊室，六、七個助教可以廝殺大半夜，輸贏至於數

千元──四十幾年前。胡老師，以及後來林耀福老師都「紆尊降貴」跟我們玩在一起。打梭哈時，永平倒是一向冷靜而不感情用事。孫萬國有時為了到月底需要為在私校念書的妹妹提供生活費，而在牌桌上「爾虞我詐」，打得高潮迭起，因此老實人楊天強被逼得愁容滿面而頻頻拭汗，至今覺得有趣。「高階層」朱、顏、胡等平常在系裡都以「公」互稱，我們幾個助教在牌桌上也互相稱起「爺」來。從此「小李子」成了李爺，此外連只跟我們打過兩次牌的彭鏡禧也成了彭爺，學長王秋桂當然是王爺。這爺來爺去的習慣竟然也維繫至今。而當年我們最「敬愛」的爺當然是比大家都年長幾歲的學長，印尼僑生黃爺。幾乎天天中午，他帶領我們到羅斯福路師大路口的「壽爾康」川菜館吃豆瓣魚！經常是黃爺埋單。永遠的回味啊！還有一次，一共五個助教由黃爺帶領到宜蘭礁溪洗溫泉，當年可是大事啊！回家的路上

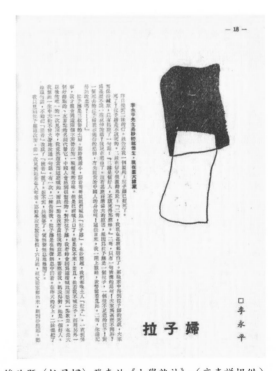

1968年，李永平〈土婦的血〉發表於《大學新聞》，後改題〈拉子婦〉發表於《大學雜誌》。（高嘉謙提供）

永平一直低頭沉思，又好像情緒低落，孫萬國就笑說：「小李子，今天失去了什麼嗎？」

總之，那兩年，幾個年輕男助教，單身，寂寞，家又不在台北，下班後，萬家燈火之中，大家總是幽靈似的由校園杜鵑花城的不同角落，不約而同地逐漸向傅鐘對面古色古香的文學院大樓聚集，大門開時走大門，大門鎖上時走側門，連側門都被校公老李鎖上時，就從外頭打開最靠近系辦公室或期刊室的大窗戶，爬上窗台，一躍而入文學院的長廊。接著，燈就亮了，然後各自在桌前趕譯一篇當代英美文章交給《中外文學》，或者像李永平、孫萬國，都各自有白天未完成的編輯事務，繼續處理。責任制，所以沒日沒夜，理所當然。不過更多的時候是，只要超過四、五個人，梭哈就成局了！那年代流行一句話：中文系好酒，哲學系好色，外文系好賭。不敢確定別人系裡的情況，但與其說外文系好賭，不如說我們幾個哥們的確在年輕寂寞的單身歲月經常相濡以沫，不知不覺間建立了革命情感。有一次只剩永平跟我兩個人在期刊室，想打梭哈實在心癢難熬。五

人以上才會有高潮迭起的牌局，結果兩個傻小子拿出一副撲克牌，竟然對梭起來！每次各自翻一張牌，比大小，定輸贏，賭注也不小，發覺好刺激！最後兩人跳窗出去，到西門町吃吃喝喝，有些醉意地踱到中山北路上，那是1972年冬天，我記得。永平的短篇〈拉子婦〉已經引起文壇的注目了，再過幾個月我也就要拿全額東西文化中心獎學金負笈夏威夷大學了。我們在冬夜漫步於中山北路，發覺前面有一位長髮披肩的曼妙女子踽踽獨行，高跟鞋十分有韻律地在石磚地上敲著音符。永平跟我四目相視，會意一笑，便快步迎向前去在那小姐一左一右開始搭訕。小姐笑咪咪地聽我們兄弟倆自我介紹，互相吹捧，我是未來的大學者，他是已經有了名氣的小說家……反正也記不清是搭了計程車還是一步一腳印，總之三人進了夜晚的台大校園，冷風吹過長長的步道兩邊高聳的椰子樹梢，我們走到傅鐘前介紹它的歷史，然後左轉過馬路到文學院大樓，三人開窗跳進走廊，打開期刊室，泡了茶。我表示要出去一下，又跳窗，頭也沒回地直奔溫州街的租屋處。永平和那位甜姊兒就在我記憶中永遠定格，永遠坐在期刊室喝著熱茶，門裡有黃色溫暖的燈光，整個杜鵑花城除了淒冷路燈之外，漆黑一遍。他開始向她介紹婆羅洲的熱帶雨林了吧，那白花花的陽光，那大河！回溫州街的路上，我如是猜想……

三

1973至75年我出國念完碩士，回到台北，因為得罪顏元叔而回不到台大，但在政大西語系當上了專任講師，

李永平自1972年10月擔任《中外文學》編輯，1973年7月改任執行編輯，至1975年7月止。

2015年8月31日，攝於淡水餐廳。前排左起：李永平、黃英哲、高天恩，
後排左起：高嘉謙、李文卿、單德興、李有成。（高天恩提供）

就在羅斯福路三段租屋。來自馬來西亞的學長陳鵬翔成為我的「二房東」，分租一間臥室給我，另一間給了正在念台大外研所碩士班的李有成。仍然擔任《中外文學》執行編輯的李永平不時來找我喝酒，找有成並拿他的詩去《中外》發表。這二李之間超過四十年相知相惜的兄弟之情就是在那一時開始的啊！第二年永平便赴美深造了，此後，雖然在年後每星期六都會在忠孝東路聯合報大樓《美國新聞與世界報導》中文版的編輯室碰到面，但各自埋頭一下午於翻譯文稿之中，不記得有過什麼溫馨畫面。再其後就只是聽說他在中山、東吳、東華大學教書，出版了《海東青》等大部頭的小說，卻三十多年緣慳一面！

前年，2015年8月31日，早已蜚聲國內外的小說家李永平要在淡水他住家附近海產店宴客，全是熟朋友：李有成、單德興、黃英哲、高嘉謙。聚會前幾天，永平向有成透露了一個心願，想找睽違多年的高天恩來，一起樂一樂！於是，根據有成在九月三日臉書的記載：「周一晚大伙兒約好在捷運淡水站正門出口處見面。我們都略微早到，天恩則準時抵達。我和德興看見天恩走下車站的電扶梯，立刻跟他招手。等天恩刷卡出了車站，永平一個箭步衝了過去，兩人緊緊握手，久久不放，興奮之情，溢於言表。天恩說永平瘦了，精神很不錯。永平則說，大難一場，現在不菸不酒。老友久別重逢，場面感人。我在他們笑談中幫他們拍下生動自然的合照。」那一晚，杯觥交錯之前，永平先當場簽名，親手送我他的最新力作，厚達789頁的《朱鴒書》。我抱著那厚重的書，舉起啤酒杯，眼眶掉下為故人欣喜而自慚形穢的眼淚！

此後兩年，「迅景如梭」，可嘆在記憶中腦海裡幾乎全是故人一次又一次因重病而在醫院進進出出的畫面。記得一次、兩次、永平虛弱半躺病床，卻兩眼炯炯有神、眉飛色舞地指著小桌上〈新俠女圖〉的文稿，喜孜孜地像個驕傲的老父親在炫耀他美麗的女兒。

留學美國時的李永平，1977年攝於紐約州立大學奧伯尼分校。（高嘉謙提供）

我在承德路藏傳薩迦大智佛學會為永平點了一盞祈福求壽的佛燈。有一次，他臨時有狀況而進了台大加護病房，我又祈請我的上師普拉仁波切慈悲為懷，戴著口罩、穿上隔離衣進入加護病房，以法器置永平頭頂，持咒加持了十幾分鐘。我看見永平滿面鬍鬚未刮，形容憔悴瘦弱至極，鼻頭和嘴角都因情緒激動而抽搐著，走出ICU，正好碰到《文訊》雜誌封德屏社長等著要進去，永平的妹妹也在門邊，仁波切遞給她一小包珍貴的甘露丸讓她哥哥服用，可消宿業。

四

9月22日，曾在東華大學修過永平「翻譯課」的大女兒以WeChat告知「剛聽說李老師走了？」用的是問號。我連忙上FB查，李有成已經從韓國得訊，發布「老友去矣，我心傷痛！」我忍不住掉下淚，「永平！永平！你為什麼要選今天？！做為虔誠佛教徒，我該立刻飛奔到你身旁為你助念，但今天是我母親97歲的生日，親友即將集合，我必須去買蛋糕啊！」

透過《文訊》封德屏社長聯繫，和永平的弟弟及妹妹約好，在9月23日下午兩點半於

板橋殯儀館門口碰面，再一起入內到永平的靈位前，永平的兩位家人、生前的看護、德屏及一位《文訊》同仁，加上我一共六人，一字排開，恭立在一排供著十幾位往生者的靈位前，我們面對著永平年輕瀟灑的遺照及牌位，開始誦念「南無阿彌陀佛」108遍（我隨身帶了念珠）。永平牌位左右各有五、六位遺照，我一邊念佛號，一邊觀想他們也都分享到了永平的法宴。之後，一行六人走出那棟建築，四處尋尋覓覓，找到一個有長板凳的樹蔭下，我把帶來的兩本《地藏菩薩本願經》一本送給永平的妹妹，她和看護合看一本，另一本我和永平的弟弟合看。我們開始虔誠出聲誦唸地藏經。之後在樹蔭下跟永平的弟弟、妹妹道別時，他的大妹情不自禁緊抱著德屏，謝謝她對永平幾乎無微不致的關愛與照顧，我覺得那個擁抱也是代表許多人（包括我）對德屏的感佩！

第二天，9月24日就在辛亥路的二殯舉行告別式。已經八十二高齡的胡耀恆孤單單地坐在第一排，面對他當年《中外文學》的執行編輯的遺相。他代表台大外文系主祭獻花獻果時，身後只有歐茵西、陳凌霞、廖咸浩幾個人。當年的大老闆、小老闆袞袞諸公俱往矣！當年的爺字輩，剩我一個。

次日，連李永平的骨灰都從淡水外海飄向四面八方了！大河盡頭，雨雪霏霏！南洋浪子，西方佛國！

（原刊於2017年12月《文訊》386期）

淡水河口的説故事者
記李永平老師

◆ 高嘉謙　台灣大學中文系副教授

我第一次知道李永平，始於一九九〇年代初。那時龍應台的野火燒到南方，演講中她提及最欣賞的馬華作家是李永平，這名字自此走入我的馬華文學閱讀譜系。彼時李永平的《吉陵春秋》出版沒幾年，風華正茂。龍應台做過評論，自然推崇李永平。爾後念大學時開始閱讀李永平的小説，研究所期間在期刊寫了一篇《拉子婦》研究，但跟李永平始終無緣見面。轉眼到了2008年，因為加入馬華文學日譯的編務，著手聯繫《吉陵春秋》的日文翻譯，開始跟李永平有了較頻密的接觸。忘了第一次見面的場合，但2010

年《吉陵春秋》出版，給他寄上贈書，他的回函充滿了欣喜，似有種文學透過漢字跟日本結緣的暢快。我可以感受到寫作者長年的寂寞，尋訪知音的渴求。傳聞中的李永平少了孤傲與鋭氣。每年均有好幾次的碰面，從同鄉作家群的朋友，擴及不同的學界、出版界友人。有時我們去淡水找他，有時邀他到台北，大部分的邀約他都出席。在聚會場合他通常顯得靜默，大家不忘追問他開紅色跑車，跟某作家幹架的陳年細節。他有時據實相告，時而故弄玄虛。笑談之間，也常要求喝上半杯啤酒，儘管嘴裡再三提到醫生

李永平（右）與高嘉謙合影。（高嘉謙提供）

说他的心臟功能僅剩正常人一半，隨時罷工倒下。朋友們輪番緊盯著他喝酒，他習慣討價還價，大家也不過於讓他掃興。這些聚會是不是他蟄居淡水寫作期間，唯一的對外娛樂，不得而知。但從他生病以後，大概可以領會，那些聚會與其說是應酬，還不如看做是環繞著文學而生的一種生命交集。一部分聚會的朋友，包括我，因此真正走入了他的晚年，伴隨臨終，送別天地。只是當時萬萬沒料到，讓他走向生命終點的，並非心臟問題，而是潛伏在這七、八年歲月裡的腫瘤。我們每一日何嘗不是走在生命的幽谷，悲欣

2016年11月，李永平於馬來亞大學座談會後攝於吉隆坡茨廠街頭。（高嘉謙提供）

交集，人生只能作如是觀。

2014年大概是李老師寫作生命的重要轉折，《朱鴒書》已進入尾聲，卻突然迎來廣州「中山杯」華僑華人人文學獎的榮耀。他的被動授獎，更大的意義是促成他第一次唐山行。出發前的一個月，他約了我和有成老師，暢談他準備看長江，遊三峽的雄心壯志。甚至不做規畫，隨意在江邊找間小旅館就住下。不羈的浪子，似乎又回來了。那時的興奮言猶在耳，終究抵不過醫生的警告，有成老師因而作陪，匆促領獎，來回四天。他魂牽夢縈的唐山，只有浮光掠影看過廣州，倒也沒有讓他多大遺憾。他總說沒看到長江也好，免得失落。這幾乎是他多年不返家，或不敢返家的翻版。說是近鄉情怯，但心底的忐忑與不安又是什麼？唐山行雖然來去匆匆，他卻樂於在多次聚會裡，主動拿著帳單，奔向櫃台，要用撥入獎金的銀聯卡請客。大夥總是嘲笑他讓「祖國人民請客」，他不置可否，總是笑笑。當年為大陸版《大河盡頭》寫了〈致祖國讀者〉序，同鄉作家私下都頗有微詞。他倒是對我說過，有時面對不同情境，不得不如此寫，強調當年為《海東青》寫〈出埃及第四十年〉，也是因為報社長官的提醒，有其苦衷和心曲。我相信他的心曲不是遁辭，這些年談話之間，仍感覺他的生命裡隱隱然對政治保持著某種戒心，一種陰影下的距離。他的認同常被提問，箇中微妙與曖昧，糾結著50年的心路，但不好說清，也只好以三個母親的譬喻帶過。但我們都看得出來，他躲著50年前毅然出走的故土，其實迴避著面對他已不熟悉的家鄉，或無從或不願掌握的人與事。小說家在文字世界裡替現實的國境打破疆界，檢視與見證婆羅洲的傷痕，認真的說，他是在打

開、釋放與安頓那一個出走的心結。每篇小說都有一個月亮的背面。

2015年《朱鴒書》出版後，他終於迎來闊別30年的返鄉之旅。他說心願已了，可以返鄉。準備和解了嗎？出門前，他不斷跟我們反覆追問，各種進入砂勞越的手續，海關盤問等種種實際與假設的問題。看出他的不安，畢竟離鄉太久，而返鄉的最大動力，為父母遲來的上墳。但返鄉之旅顯然解開了他人生裡的某些糾結，結果他竟帶回了砂勞越加入大馬計畫前的旗幟，懸掛客廳。第一次那麼理直氣壯地展示他對故土的政治姿態，儘管他取得中華民國國籍多年，安於每個月的退休俸，甚至對蔡政府的年金改革，他都說自己每個月用不了那麼多錢。到底是客家人的節儉性格，還是他總在政治的鋒芒邊緣，謹慎的防衛與安身。

2015至2016兩年間，他接續迎來國家文藝獎、全球華文星雲文學貢獻獎，以及台大傑出校友獎。他不忘自嘲老來走運，因此滿懷抱負的武俠小說寫作，早已擬定三部曲，做的準備功夫更多。然而，當一生最崇高榮譽來到眼前，卻沒料到凶險緊跟在後。

2017年5月，他終於走向醫院，治療他逃避了一段時間的腹瀉症狀。我在事後回想，他大概早已略知自己的狀況不妙。去年八月，他答應到新加坡南洋理工大學客座，有很大的理由是可以藉機返鄉。當時手續辦得不順，他多次跟我相約台大，我們在辦公室掃描，傳遞資料到新加坡。那時深刻感覺到他的焦躁，對去向不定的憂慮。後來在馬大的演講中相遇，發現他明顯的消瘦，難掩疲憊，也以為是講課奔波勞累。後來拼湊李老師妹妹與侄子對他那段期間的印象，無論是消極的談話或身體不適的淡化，他努力撐著，已在預備自己的未來。

李老師的病中歲月慘澹，但並不枯槁。無論住院或居家，我們相處得多，也留下幾個忘不了的印象。當病況愈是不佳，我知道已不得不代他通知至親。無意間他談起了前妻，以及家人。他對感情低調、內斂，我們都知道。難得開玩笑問他，他也避而不談。浸淫文學多年，情感的藏與露，他比誰都清楚。現實中他懂得藏，藏得深，應該也代表著某種態度。那種大禍臨頭，卻依然不求助外援，在我看來固執，卻又知道他孤獨已久，早已認清一切終究都是自我處理和了斷。但我們這些朋友於心何忍。

《文訊》封姐的幫忙，帶來了意想不到的轉圜。往台大醫院奔走牽線，訪得權威名醫進行手術，她總以「他是台灣非常重要的作家」掛在嘴邊。她以俠女之姿，給予近似家人的照顧。妹妹淑華停下手上工作兩度奔台照料，無視手術不能遠行的膝蓋，這應該是50年來兄妹倆最親近的相處。病榻上的李老師並不孤單。

化療前的某日午後，我和麥田的秀梅去淡水探訪。他臨時決定跟我們下山喝咖啡，如同生病前日常的會晤。分別前他手一揮，頭也不回，轉身就走。我望著他的高瘦孱弱背影，感覺是一種千山獨行的堅毅。孤寂多年，他懂他的人生。

舊版《雨雪霏霏》的尾聲，他讓朱鴒在新店溪的深水潭神秘的消失。如今觀音山下，淡水河口，李老師魂歸海天之間。在另一世界，他徘徊海口，或溯流而歸，相信他已安息於最終的歸宿。

（原刊於2017年12月《文訊》386期）

看見時間走過蘇丹街

◆ 張惠思　馬來亞大學中文系高級講師

一、俠他涼夜遊蘇丹街。

「這街。來過，九歲那年。」俠他微微一頓。如果有柱，俠他應該會仗劍立於柱上，這街，是應該要仗高俯視，如鷹眼環伺、犀利無誤地爪攫住記憶這賊。那年俠他甫九歲，十八般武藝還不知曉，還不知道命運這對正邪連體的黑白無常正躡足欺近，把他一把遁走無影──過那汪洋大海，以武闖蕩那異城新邦。不。俠他微微一晃頭。「那可不是異。城。新。邦。」那一方的痛苦與逍遙、年輕飛揚迢迢之地、那一掌一掌地勾勒出自己的情仇與情愁之地。那可不是異、城、新、邦。那周作人這瘋魔道人那句話怎麼能作準呢怎麼能作準──凡是住過的，都是故鄉──但俠他就禁不住在心裡一再估量，孰為輕孰為重，秤量必較，兩塊心頭肉啊。當年對月飲酒，朱丫頭雪眸清亮地瞅著他，一路望到他的心頭裡。俠他真想長嘯，勁風隨心帶手勢拍起。

「李老師，你怎麼啦。」背後一把少年的聲音。俠他回過神來。

有些人有些事，好像永遠會在，不會消失。在越來越瑣碎嚴峻的學術日常隙縫風口間，想起一些人一些事，卻有一種大家都在的存在感，包括自己，也以為是這樣：沒關係，再艱難，也會過去。總以為過去的，是難堪的處境它，是百口不可辯解的冤枉它，是望不到頭的渴望與追尋它，不會是自己。這樣僥倖心理起了短暫的蒙蔽作用，完成類止痛藥時效的救贖機制。上課，和學生一起念王國維的〈文學小言〉。一句一句，恍然大悟。人到底是有天真依仗，才能以為自己來得及完成各種夙願，或以為自己已經在路途中，但實際上根本沒有在裡面，不在其中。天真和自我哄騙，竟然緊密依偎。

9月22日。從適耕莊民宿樓上天台下來，德發說：李永平逝世了，嘉謙發來的消息。一下子，臉書上雲海翻覆，迅速刷滾李永平衰老的、生病的、年輕的、家常的、特寫的臉。很快的，黃錦樹寫下追悼文〈同鄉會〉。禁不住在每則閱讀過的消息下按下哭臉，再一一收下、存檔。天台上那一片飽滿的青青禾田在心裡泛起一片雨雪霏霏。

李永平的小說，名字都取得很有氣魄，雨雪霏霏，大河盡頭，海東青，當然還有那本幾乎是馬大中文系學生人手一本的《吉陵春秋》。可以說，李永平是馬大中文系中九〇年代及其後所有上過馬華文學課的同學們的集體記憶。李永平的《吉陵春秋》那本小說，我們反覆前後翻讀，對應人物對應情節，那限制至極的視角、沒說出來的故事顯

1985年，李永平（第二排右一）第二次返鄉的全家合照，身邊為前妻景小佩（右二）。（高嘉謙提供）

得很誘人。囫圇吞棗的隨著余光中、龍應台的短評和黃錦樹在《馬華文學與中國性》那本書的評論，把閱讀的重心全然傾斜到那些文字的顆粒與顆粒當中。只知道李永平沒有寫得像張貴興那樣蜥蜴猴子鱷魚動物四飛那樣步步驚駭，也只知道李永平幾乎是寫得比較沒有問題吧，因為他沒有像黃錦樹那樣被罵罵人到處燒芭到處抗衡著學術與思想的無知荒地那樣充滿刺蝟感，因而顯得更文學一點——好像文學就是美感經驗而已，連殺戮、集體霸凌都因為文字的淋漓詩意而雪白無瑕得一點問題都沒有。長笙一如觀音般雪白無瑕。連強姦死亡復仇都被美學化，只留下驚歎連連。多少年後才在重讀中心驚動魄的撥開文字，看進去文字岩層下，那一片荒涼的可憐的被重移植的南洋小鎮背後寫者的心頭淚。

還有那本字典厚磚塊頭的《海東青》。多貴都要買要讀的書。正經八百地啃讀，以為這就是所謂的文學修煉法，勤奮就可以了，討喜乖巧的典型中文系女孩那樣的無知。矯

情。好騙。腦袋裡橫長直長都是稻草，不是思考。就連聯利咄咄逼人地擱下重話：妳的詩事業應該如何經營啊妳想過沒有。也聽不懂。天真無邪惹人厭。還耿耿直直的一腦袋熱。靜安先生不是這樣說嗎，（余謂一切學問皆能以利祿勸，獨哲學與文學不然。）不是嗎。直到後來，很後來，才回過神來——

俠他回過神來，說：「身體不行了，不能再走。」少年勇沉著的指著街道旁冷清但還是在經營中的快餐店：「我們在這裡休息，我請老師們回來。」

暗沉的夜裡，俠他一襲藍衫，回到這久違的真正的荒村地。

莫名的激動。這土地，如同久違的生母，那從未停歇地用各種荒謬故事塞滿身世與日常，來彰顯它的存在之地。那種不自在的存在，在多少年，面對這片土地，都像極了遠遠清代那破落子弟阿曹寫下的情小說中的探春對趙姨娘的，不由自主想呵責。不知道要怎樣去愛——但斷章取義的責難就很容易引得謠言四起。俠他皺眉，這冤這枉這債這

傷，要到哪裡尋到那造謠主子，必定一抖劍氣，刀起頭落，然後瀟灑揮袖，轉身離去。這樣心念一起，一時情動激發舊疾，俠他扶著城牆，猛然吐出一口帶膿的血。

突兀間，街角盡頭處閃過一張臉龐，俠他警覺地掌心合攏，悄然運氣，不知對方是友是敵。俠他原想在對方靠近時，猛然使出一招「萬鈞山海」，先發制人。殊不知一照面，竟是時間它。時間它那黯黯灰淡的影子閃過蘇丹街，長手長腳的，拖過了一幢幢舊兮兮的老建築物，拖過灰暗的月色，拖過俠他的心臟深處。

它要來了。俠他想。

二、俠他的情眼。

只見碎印花簾子隨微風輕晃，窗外竹影森森。俠他在等候，兩指間扣夾一枚扁圓形白子，隱忍不發。坦白說，縱然嘴上不說，然而俠他久別江湖，對此次南行，早就依著心裡描摹的路線與布局，慎重地盤算過。這是俠他有形的武林大會，無形的殺戮早就在小說中完成了。所謂南帝北丐，沒有周旋於耍花拳那種一招就倒的，因為他們沒有對峙的可能。俠他必須有這麼一次，完成所謂的力的、以及情的迸發。這是半生夙願一生情債啊。俠他說不出口的是，俠他沒有時間再等。俠他的心臟只剩下一半的功能。朱丫頭不在，若在這悶燥南國在俠他跟前，必會耍挾地用手指頭往俠他眉心一按，「你啊你，還逞強。武功再高，你還只能是半心俠」。

嗤笑一聲，俠他聞聲抬頭，哪有朱丫頭身影。

快餐店裡沒有太多別的人，都是他們這一群人，排了三桌。喝汽水，吃漢堡。落地長窗外偶爾走過三三兩兩的黃衣人。是聚會散場的時候了。眼前的學生們不多話，就有一種混雜著尊重與好奇的熾熱少年心。俠他自

己開口，問少年永：你有寫作嗎？

想邀請李永平到馬大講堂來的念頭，第一年的光點就曾想過，但也僅一個想頭，因為好像從來沒有在什麼文學場合中見過他，會不會是不太想出來見人、相對低調的作家吧？沒敢寫入申請表當中。前年五月在花蓮研討會發表論文後，和同場次的高嘉謙有說起光點活動，高嘉謙給予的建議中便包括了李永平。不久，就聽說李永平到南洋理工大學中文系去擔任駐校作家。我們得到南大中文系的許可，加上月萍學姐的周旋與協助，來回幾番協商，終於敲定了講座時間和對談人。

李永平屬意的對談人是黎紫書。但那一個周末，時間有點不對，黎紫書那個周六、周日兩天人都會在檳城參加喬治市文學節，必須參與兩天的講座。唯一的辦法就是當天飛機來回。黎紫書說沒問題。對談人的問題才算解決。和李永平一起來的，還有月萍學姐與學生詩倫。詩倫當時擔任李永平在南洋理工大學的助理。主持人是梁靖芬，加上從台北回來的高嘉謙也會在，都是李永平見過以及熟悉的人。

11月底，我和雪莉兩人到機場去迎接李永平、月萍學姐和詩倫。時間它太容易改變一個人。以前在書和視頻中看見的小說家感覺上比較壯胖，尤其是在介紹《大河盡頭》一書的短視頻中，李永平看起來十分結實，說話也中氣十足。我們眼前的李永平卻瘦而高，斯斯文文，笑起來有點孩子氣，說話依舊帶有繞著感歎吟詠味道的調子，但聲音卻輕小多了。

我們在機場找了一個開放式小館子的角落坐下來，讓李永平稍微休息。他吃得分量很少，但精神矍爍。小聊中李永平重複了幾次，這次他來吉隆坡，已經準備好回答大家的質問了。「我能回答了」，他說。那感歎

吟詠味道的調子把句子拉出一個弧度，增添了莫名的悲涼感。那瞬間在小說家的眼前閃過的，應該就是那些年他自己說自己不是馬華作家的那些事吧。時間和空間的距離好像一下子扁平化、消失掉。突然間，就能理解李永平這一趟來吉隆坡的意思。用李永平自己的話，他是來和解的。毋寧說他是來和當年他「摒棄」的故鄉人和解，然更多是在向自己宣告：和當年糾結的自己和解。

在文學院右側居中的講堂裡，冷氣絲絲地開，伴著李永平充滿深情的剖表他的近鄉情怯、他的懺情、他的三個母親。說到內心深處的某種觸動時，小說家激動得只能微微仰著頭，讓飽滿的淚花倒流回眼眶。那一剎那間，空氣彷彿凝結了。儘管現場太多年輕的雙眸不見得都把李永平的作品一本一本讀過，儘管這些李永平視為故鄉人的人們未必都真的懂得他的海東青、他的朱鴒，然而那一片刻，大家都只想靜靜的坐著，浸染在這樣一種對文學對自己已是掏心掏肺的剖白。有一類人，就這樣與文學相依偎一輩子，如

此誠實的回溯過往與文字搏鬥的種種迷思與豁然。

俠他是太久沒有和這樣一群陌生但又感覺親近的人——所謂的故鄉人——在一起，夜間遊蕩。滿足。真的很滿足。俠他想說什麼，最後不過就只伸出手，拍了拍少年勇的肩膀，說：多寫吧多寫吧。

這一次離開蘇丹街、再度離開這不斷讓俠他衍生各種情淚與激動的故土，應該再也沒有什麼遺憾了。俠他想。這一次，把該還的情債還掉、把話說完，自己就可以抽身而退。哦，不，還有朱丫頭。朱丫頭陪了俠他闖蕩江湖那麼多年，甚至由著他領著，走了一趟婆羅洲。俠他是一個寂寥的人，遊蕩多年，唯一放不下的就只有朱丫頭一人。總該送她一程，把自己的那絕世武藝傳授給她，留一個故事給她。看起來，還須和時間它拼搏一場。俠他暢快的長笑。

（原刊於2017年10月16日《星洲日報‧文藝春秋》）

2016年11月，合影於吉隆坡茨廠街。左起：黃詩倫、高嘉謙、李永平、魏月萍、尤雪莉、張惠思。（張惠思提供）

白袍巫師下南洋
悼小說家李永平

◆ **張貴興** 作家

它曾經是伊斯林汶萊帝國屬地、歐洲列強俎上肉、英國和荷蘭國勢大補丸、日本大東亞共榮圈，它也曾經是海盜、獵頭族和投機分子競技場、冒險家性征伐（sex safari）樂園、華人苦力和移民遙想的福地洞天。砂勞越，婆羅洲西北部一個比台灣大三倍多的英國殖民地，1947年少年白袍巫師（那時他還不是白袍巫師）誕生此地時，日寇屍骨已寒，白人政權復辟，英語教育一花獨放，但不足二十萬的華人頸椎夠硬，勒緊肚皮要後代學漢字。「方塊字多美啊，」少年白袍巫師讚歎。「一個方塊字就是一幅畫，一萬個方塊字就是一萬幅畫。」少年白袍巫師被漢字的神鬼力量震懾。教英文的修女說：「支那文字是撒旦的符號。」大伯公廟花崗石上金燦燦、亮閃閃的漢字對聯和唐人街店鋪金碧輝煌龍飛鳳舞的支那招牌讓少年恍恍惚惚、神魂顛倒。少年開啟了巫師的煉字志業，在龐大的西方戒靈和英語半獸人陰影下，少年孜孜的吸納漢字，白話文言，葷素不忌，澆鑄錘打驅使文字精靈的小魔杖。

1967年青年白袍巫師（那時他仍然不是白袍巫師）高中畢業後遠赴中華文化堡壘的台灣，深化和壯大煉字志業。赴台前後，他摸索猶豫的寫了幾篇小說（〈拉子婦〉、〈婆羅洲之子〉），輕輕的揮灑著焦躁不安的小魔杖，吐出第一道遙指牛斗的劍氣。青年跋涉美國謀取餬口的學位，在戒靈和半獸人地盤上，他的小魔杖發狂了，以純潔精緻的華文、一蕾蕾妖紫嫣紅的方塊字寫完十二個短篇（《吉陵春秋》），因為對吸食漢字乳汁的眷戀（民族認同、文化血緣），他覺得自己的魔杖揮霍得太刻意鑲嵌了，雖然那十二個短篇為他贏得大聲望，也讓他晉陞凡夫俗子孺慕的灰袍巫師。是的，這時他還不是白袍巫師。

他這樣熱愛方塊字啊。回台不久，他辭職了，揮別愛妻，閉關焠冶魔杖。這一次，他好像走得太遠、沉迷得太深，他進入了文字魔障、語言迷宮、詭祕妖豔的符咒圖騰。他好像不是寫小說，而是用方塊字創造伊甸園，但那個世界雖見蔥蘢，也繁殖了一窩子交尾嬉戲的花蛇。他墜入了自己挖掘的最深層的地底黑闇，他見到了令他懼怕卻又不得不面對的炎魔。炎魔，陰影與火焰的惡魔，心是熾焰，手執無敵的火鞭火劍，高大的身形籠罩陰影中，渾身硫磺火焰，矮人呼為無名恐懼（Nameless Terror）。執著的灰袍巫師知道，炎魔出世非一朝一夕，威脅潛伏已久。巫師可能是故意的，也可能是無意的，驚醒了牠。斬殺這個強大凶險、人獸仙妖懼駭的惡魔，真不是易事。從1987年到1992

年，從戒嚴到解嚴，他用五十萬（他醞釀了一百萬個蟹將蝦兵呢）方塊字當武器，和炎魔搏鬥了漫長的五年。炎魔終於死了，灰袍巫師也魂飛魄散。是的，那個炎魔就是《海東青》，一則方塊字鑄造的台北寓言，馬革裹屍五十萬具哀號的漢字骨骸。讀完這本書的人，也許五個手指頭就數完。巫師雖然斃了自己孕育的心魔，但也靈肉潰散，墜入死亡深淵、書寫困境。巫師坦承，以為自己完成了曠世鉅著，卻是巨大的失敗。有一年時間他幾乎寫不出一個字。一個一生以文字為志業的人，怎麼可能輟筆？繼續鞭策潰散的靈體漫遊尋覓吧。透過《朱鴒漫遊仙境》二十五萬個方塊字丸的療傷，他斂聚了強大的力量，他復活了，躍升到最高階的白袍巫師。

以白袍巫師之姿，他走入婆羅洲莽莽蕩蕩的深山大澤，刀耕火耨大河小說，似乎帶一點雪恥的味道。在無雪的南洋、沒有野馬馳騁的婆羅洲，雨雪霏霏四牡騑騑，八個漢字驅動了書寫童年往事的慾望，還有什麼比《詩經》更能讓他親昵中土？他厭惡毛姆和吉卜林虛假的叢林情調，更唾棄白人對東方的扭曲偏見和種族文化優越感。整個婆羅洲都是鬼魂飄蕩，渾黃的河面底下聚居著多麼豐富的、騷動不安的生命。他對故鄉的呼喚是真誠而深情的。他久久不敢回去探視，怕的就是印象中的完美家園已被世俗的寒磣猥崽取代，就像我們不敢面對久未謀面的初戀情人，只為了留住最初的美好印象。也許《海東青》瘀傷猶在，《朱鴒漫遊仙境》炙穴未消，他帶著熱身的姿態，用一蕊蕊血花似的綻放旭日下的方塊字，小心翼翼捕捉母土的過往創傷。

野心勃勃的白袍巫師不會滿足《雨雪霏霏》的九個小故事，他耳畔日夜迴響著壯烈犧牲炎魔火鞭下的五十萬個漢字英靈的哭

李永平。（龔萬輝繪圖）

號。他施展了白袍巫師十成功力，向那五十萬個英靈招魂，組成一個浩浩蕩蕩的漢字探險部隊，大開大闔書寫六十萬字的《大河盡頭》。他的初衷不變：焠煉最靚最浩大的漢字正妹，透過狐媚轉世的方塊字，引領讀者見識多彩多姿、詭譎殘酷的婆羅洲叢林原貌。這是發掘中文的潛能、展現方塊字魅力的大好機會。他不止一次墜入文字魔障中，但有了白袍加持，他總是可以走出迂迴幽深的迷宮，用婀娜多姿、形貌無一雷同的方塊字打造他的雨林漢字宮殿。

千嬌百媚的漢字，像敦煌千佛洞中的飛天姑娘，像天方夜譚裡的肚皮舞孃，像一窩子糾纏在河中爭相交尾的水蛇，像撒旦親手繪製的一幅幅東方祕戲圖。

無名恐懼再度降臨。數十年的隨興飲食、晝伏夜行，贍養了兩頭專恣潑辣的炎魔，悄悄攝食他的肉體。第一個炎魔將他襲擊得不

省人事，讓他趔趄臥地，斷了幾顆門牙，緊急送醫做了奇幻迷離的冠狀動脈繞道手術。第二個奸巧鬼祟，威脅潛伏。他也許故意的，也許無意的，忽視著牠，總之，他太專注創作了。

2010年，動了奇幻迷離的冠狀動脈繞道手術後，他啟動終極功力，集奇幻、魔幻、動畫、武俠、傳奇、冒險和神怪之大成，以近六十萬字的《朱鴒書》終結了他的大河書寫志業。壓卷之作《朱鴒書》和讓他死而復活的《朱鴒漫遊仙境》是白袍巫師最喜愛的兩本小說，原因或許是，主角都是獨一無二的小女生朱鴒。朱鴒，無所不在的幽魂（她的老家在新店溪黑水潭，現身時，滿頭滴答水珠，裙襬濕漉漉）。沒有朱鴒，灰袍巫師就不會晉陞為白袍巫師，就像沒有貝雅特麗齊（Beatrice），就沒有但丁的《神曲》。朱鴒，白袍巫師文字祕戲圖中的寵妃和禁臠，沒有這個巫師畸戀的繆思小妮子，沒有一次又一次的召幸，巫師的方塊字也許就不會像孑孓蜉蝣，不會是一幀幀的男女男嬲交歡圖，也不會有一軸軸的南洋情慾畫卷。《朱鴒漫遊仙境》的八歲朱鴒帶領六個同齡小女生漫遊台北，被淫穢的妖魔鬼怪和肉慾橫流的現代都會吞噬了；《朱鴒書》的12歲朱鴒化身小魔女帶領一群少女縱橫莽荒惡峻的熱帶叢林，劈殺妖魔鬼怪，進入凡人遙不可及的神壇聖宇。由魔入聖，白袍巫師發揮了終極奇幻力量。

雖然投胎南洋，終究是中土人物，70歲了，他強烈懷念中土風雲，於是仗劍縱入大明王朝，以洗鍊深沉、遊刃有餘的內力，寫武俠了。但是他忽略了，還有一個世俗的炎魔啃嚼肉身。「這個妖邪啊，」也是穿著白袍的醫士歎息。「在你體內潛伏快十年了。」動了一個驚悚又除暴鋤奸的末期大腸癌切除術後，巫師羸瘠了，瘦倦了，但是他依舊振筆疾書，用方塊字疊砌俠義天地。巫師懸崖勒馬斷尾求生，擊殺了炎魔《海東青》，但枕戈待旦的腫瘤炎魔太強大了，斬草除根前，已透過血液散布毒素。白袍巫師數度進出醫院，和白袍醫士面面相覷。

巫師遺作〈新俠女圖〉共二十二回（每一回的標題都擬好了，貼在書桌旁的牆壁上），火燒火燎寫到第十四回，傳說中的五巫之首薨了，骨灰殞散台灣海峽，現在可能彳亍中土，躑躅南洋，徘徊寶島，也許埋首淡水河畔生前拜訪過的媽媽嘴咖啡屋、癡望著魂牽夢縈的大河寫武俠（火化時，他最鍾愛的妹妹在棺木內放了筆和稿紙），而小學生朱鴒、水鬼朱鴒、魔女朱鴒、仙神朱鴒、聖靈朱鴒就像萬花筒中千變萬化的彩色玻璃片在他身邊轉悠……

˙

大哥，你率性了，早幾年對峙招兵買馬的炎魔，你現在就可以舒舒暢暢寫武俠，寫完後還可以如你所願漫遊世界。

最後一次見你時想問你一個問題，但呼吸器守護著你，半個軀殼神遊在外，你已不能言語。如學者高嘉謙所言，你喜用歌詞抒發意境胸懷，月河這兩個字和奧黛麗·赫本在電影《第凡內早餐》抱著吉他彈唱的〈月河〉有什麼關係嗎？奧黛麗·赫本啊，長得酷似你小時候的夢中情人艾莉雅修女，歌詞裡還有你最喜歡的小說《頑童流浪記》的主角。

你是喜歡聽歌的。用這首歌歡送你吧，奧黛麗·赫本的〈月河〉，永遠的白袍巫師，

李永平。

一英里多寬的月河
總有一天，我將從容橫渡
你是織夢人，令我心碎
天涯海角，我誓死追隨你

兩個迢迢人漫遊寰宇
人世多彩多姿目不暇給
我們追逐到彩虹盡頭
在拐彎處等你
我的童年好友（註），月河和我

註：huckleberry friend，童年好友。Huckleberry，
《頑童流浪記》的主角，或指美洲越橘。

（原刊於2017年10月13日
《聯合報‧副刊》）

2013年4月13日，李永平搭船橫渡淡水河到八里，
去看發生命案的媽媽嘴咖啡屋。（李有成提供）

2016年8月10日，作
家聚會合影。左起：
駱以軍、李有成、林
韋地、李永平、張貴
興。（文訊文藝資料
中心）

故人西辭淡水河
記李永平

◆ 張錦忠　中山大學外文系副教授兼人文研究中心主任

1967年，李永平（左一）和朋友結伴到台灣升學，中途在新加坡停留。（李淑華提供）

一

　　1986年，李永平的《吉陵春秋》出版。剛好我大學畢業離台後再來台報考研究所，借住師大路男一舍的學弟寢室，初夏考完試要離開了，在師大書苑看到同鄉的書，就買了一本。返馬後很快的讀完，寫了書評。大概是這本小說集最早的書評吧。念外文系的人很少沒讀過《酒鎮春秋》與《都柏林人》的；《吉陵春秋》對我來說，就是一部《酒鎮春秋》與《都柏林人》那樣的小說。隔年秋天，我又離開馬來西亞到台灣來，帶來的書刊包括刊登那篇書評的《蕉風》。到中山後某日影印了一份書評給小說家，彼時他還在中山教書。他看後隨口說寫得不錯。那年他的書獲得時報文學獎的小說推薦獎，小說家的身分頗受肯定。

　　我在馬來西亞的時候已讀過他的《拉子婦》。在那個台灣鄉土文學風起雲湧的年代，我把《拉子婦》、《痴女阿蓮》、《伏虎》視為商晚筠、李永平、張貴興在台灣書寫的馬華鄉野傳奇。日後林建國送我一本《拉子婦》。不過，小說家對那本書頗有微詞，書出版時他人在美國，沒有機會校對。

　　彼時中山大學外文研究所創辦不久，我是第二屆學生，開課師資亦多「僑生」，李永

平、蘇其康、孫述宇之外，鍾玲從香港回來客座，詩人余光中也跨海歸來擔任所長，從此定居高雄。有個學期李永平老師開了一門「十九世紀英國小說」，我的學分已滿，沒有選修，但常去聽課。有一回他問我王文興上小說課還是逐字逐句細讀嗎？他當年聽了王文興的課，遂悟小說可為之處。他聽我說起我上大學時有一年多的時光從師大到台大旁聽王老師講英國小說，故有此問。「十九世紀英國小說」其中一本教材是康拉德的《吉姆爺》。講到吉姆落腳Patusan，他說，Patusan就在我的家鄉婆羅洲！除了我之外，其他同學大概無法體會他為何那麼亢奮。

今年六月下旬，趁返馬評審花踪文學獎之便，我和高嘉謙前往小說家的婆羅洲故鄉一行。我們走訪了他在古晉上過的小學與中學，拍了些照片傳給他看，也在日頭火烈的午後漫遊印度街，遙想小說中的萬福巷與那漫天花雨。

我在中山外文所當學生時，永平老師家在台北，每兩周南下高雄一趟。有一回臨時有事不克南下，他在大學部有一門小說選讀的課，就請我代打。那時我心目中的小說天王是喬哀斯，於是選了《都柏林人》中的〈阿拉比〉與〈死者〉。〈死者〉到了尾聲，窗外「又開始下雪了」，雪花紛紛飄落，「整個愛爾蘭都在下雪」，真是天地不仁。

2017年9月24日，我們一行人出海，到了淡海中央，永平老師的晚輩將骨灰袋沉落水中，濺起浪花浮蕊，海水瞬間淹沒，只剩下白茫茫一片，我想起〈死者〉最後兩段。

那學期終了，永平老師要回台北了。請我和系上助教廖若松吃飯，若松是李老師得意高足，當完兵後回系擔任助教，後赴美深造。永平老師愛喝啤酒，那一餐我們三人就喝個痛快。那時他已辭去教職，但還是每兩周南下中山講課，同時還在《美國新聞與世界報導》中文版譯稿，他說刊物發行人頗欣賞他的譯筆，指定要他譯社論（記得有篇社論的原題是 "No Pain No Gain"，在他筆下就變成「不經徹骨寒，哪來臘梅香」）。一段時間之後，他嫌南北奔波很累，就辭掉兼課，離開高雄，離開中山大學，尋找他的朱鴒去。後來他就深居南園寫他的《海東青》。那之後我就沒有見過他，直到25年後。

二

2012年10月裡的一天，李有成、張貴興、黃錦樹、高嘉謙和我諸同鄉去淡水看他。那天中午我們沿著老街，向河邊走去，在一家海鮮餐廳用餐。動過心臟手術，醫生說不能喝酒，那天他還是喝了一小杯啤酒。然後繞回老街，找了家咖啡店繼續聊天。回想起來，那真的是在台馬華的一次同鄉會，是第一次也是最後一次同鄉六人小聚。

隔年春天，我跟家人去淡水看過他一次。太太是他中山大學外文系的學生。某次我們全家北上，就帶女兒去淡水走走。他在捷運站接了我們後，就往附近的大都會廣場吃日本拉麵。

《海東青》出版若干年後，李永平先後在東吳、東華大學任教。漸漸的，有些他教過的學生到中山來念碩士班，變成了我的學生，例如湯韻筑，她常提起永平老師如何如何。我也是聽她講述才對離開中山後的李老師略知一二。

《海東青》在1992年出版，本身就是一則傳奇。說故事的人從古晉的一條街出走，來到台北的幾條街幾條弄，換了一套語言，道出了極樂台北的蒼涼，那也是台灣現代主義文學的反高潮。《海東青》不知何故，竟未完卷，似乎也寓言了台灣現代主義文學的未竟之業。未完六年後，復有《朱鴒漫遊仙

2012年於淡水，難得的馬華同鄉聚會，左起：高嘉謙、李永平、李有成、張錦忠、張貴興、黃錦樹。（高嘉謙提供）

境》，彷彿夏日午後朱鴒在淡水河畔午睡，夢入奇境，但怎麼看也不像《海東青》的續卷。越四年，《雨雪霏霏》出來了，他開始書寫婆羅洲，他的故鄉與故鄉人，最後乾脆寫本《朱鴒書》，讓朱鴒變成「奇幻少女」。

在李永平出版這幾部書之間，因應不同的學術場域，我寫了幾篇中英文的學術論文詮釋他營造的「境域」。他的新書出版後，報館有時也邀我寫書評。那幾年間，黃錦樹和我等友人在台在馬編了幾本馬華／華馬小說選，當然都會收入他的小說，不過多半由高嘉謙或胡金倫居間聯繫，請他同意我們收入。最近的一本《故事總要開始》在編輯期間，永平老師的作品在中國大陸出版，有記者問他關於文學身分的問題，他說他「不是馬華作家」。那之後常有人拿他的文學身分做文章。今年九月九日他的《月河三部曲》套書發表會後，某網路媒體刊出記者訪問稿時，仍然在他的身分問題糾結。

他對身分當然是敏感而在意的（黃錦樹說「李永平太認真了」），一如他對批評家說他的《海東青》是個「偉大的失敗」耿耿於懷，自己也近似自暴自棄地默認了。記得他還在中山大學任教時，申請台灣的國民身

分證許久未下來，我開他玩笑說，內政部長吳伯雄是客家人，應該會批准你入籍。後來終於辦出來了。某日上課，到了休息時，我們在舊文學院三樓倚著欄杆抽菸，他神秘兮兮地從褲袋拿出一張小卡來，像小孩子獻寶般，開心地說，我拿到國民身分證了。那日他在病床上，當著我們幾個人的面，跟錦樹說，「黃錦樹，我在這裡聲明，我是馬華作家」，也頗似小朋友的辯白與澄清。其實，那又何必呢，他是小說家，不是寫文學史的人。不過，對於離散族裔，身分屬性總已是敏感的。

許多年前就聽說（他在東華的舊同事傅士珍說的），他在東華出車禍，後來退休，隱居淡水。

2012年左右，我替美國某部華人作家傳記辭典寫〈李永平評傳〉，開始斷斷續續寫信跟他求證若干年代資料。後來書出來了，出版社寄給我一本，我印了一份給他，他頗客氣的回信稱讚一番，也說他動了心臟手術。

稍早一年，2011年，《大河盡頭》下卷出版那一年，也是9月24日，東華大學在台大辦「李永平與台灣／馬華書寫研討會」，我應郭強生之邀提了篇論文。以為小說家會出席，畢竟那是一個向他致意的活動。不過主

角還是缺席了。在這之前,我們的同鄉林建國也辦過「離散現代性」研討會,催生了幾篇討論他的論文,但那個會議不完全以李永平為對象。

於是隔年秋天,我們幾位同鄉相約去淡水看他。

我最早抵達淡水捷運站。二十多年未見永平老師,但心想台灣人留鬍子的不算多,應該認得出來吧。後來貴興到了,打過招呼後我們往出口走去,我跟他說還沒看到李永平。後來看見廊下立著一白淨高大中年男子,貴興說李永平就在那裡。他沒留鬍子了。

三

近年來他屢得大獎,是遲來的肯定。後來他去新加坡南洋理工大學擔任駐校作家。這幾年間,他回過古晉省親,也到廣州領獎,返台接受母校台大傑出校友表揚;他由新返台之前,還跨過星柔長堤,到馬來半島西海岸,到吉隆坡,去馬來亞大學、南方大學演講。完成了一趟返鄉之旅。

在這之前,老友桂業勤派任台灣駐新馬辦事處時,常提到要請永平老師去吉隆坡演講或對談,我總以為不可,他動心臟手術不宜長途飛行吧,我說。

今年五月中旬某日,那時他從新馬回來好一陣子了,嘉謙說永平住院了。人生走到這階段,各種可能難免「今朝都到眼前來」,只是如何面對罷了。嘉謙與我約了錦樹、貴興去振興醫院看他。就是他跟錦樹說他是馬華作家的那一天,5月21日。

他妹妹和侄兒來台那次,我跟嘉謙約好去振興醫院看永平老師。那次我們談到了《海東青》。他獲得國家文藝獎之後,我在受訪錄影中即指出,我不認為《海東青》是失敗之作。對漫遊者來說,漫遊就是情節。《海東青》的語言豐富、文字生動,歷史感強,簡直就是台灣文學的《尤里西斯》。

後來他轉診台大醫院,動了手術。有一天我要北上,於是選一個他術後回診的日期,我跟嘉謙約好去台大醫院探望他。等到我們一伙人都碰面了,看護才告知回診應是隔周,而非當天。不過,他老遠從淡水來台北,而我從高雄來,剛好可以探望他。那次見面,是我最後一次見到永平老師。

(原刊於2017年12月《文訊》386期)

2015年5月31日,合影於2015台北文學季講座會後餐敘,前排左起:封德屏、李永平、張錦忠、李有成,後排左起:楊宗翰、朱亞君、胡金倫、黎紫書、龔萬輝、史書美、高嘉謙。(文訊文藝資料中心)

關於小説，
我的一流母親，偉大父親

◆ **許榮哲** 作家、走電人電影文化公司負責人

在小説的寫作路上，我有一個母親，一個父親。

母親叫張大春。

24歲那一年，我從理工跳到文學。

開始寫作那幾年，我大量參加文學獎，小説家張大春幾乎年年擔任兩大報文學獎評審，當時的我幾乎是把他在評審會議裡頭提到的小説美學，當成神主牌來拜。

我的文學養分就是透過「文學獎」這條臍帶，從母親張大春那裡輸送過來的，這些養分讓我一出手，就接連奪得大獎。

此外，張大春的小説，我也翻遍了，他孫悟空七十二變的奇技淫巧深深吸引了我，我被它們迷得神魂顛倒。

然而，令人困惑的是張大春的小説美學和他寫出來的小説作品，幾乎是背道而馳。

‧

在小説的寫作路上，我有一個母親，一個父親。

父親叫李永平。

26歲那一年，我帶著一身叮叮鈴鈴的文學獎行頭，考上第一屆的東華創作與英美文學研究所。

那一年，創英所錄取了六個學生，除了我比較正常之外，其他都是怪咖：舞鶴、方梓、王威智、施俊州、李良安，雖然他們也認為從理工轉文學的我是個怪咖。

一直到了創英所，我才知道我的小説老師是李永平。

尷尬的是，我從沒讀過李永平的小説。

非常巧，那一年他剛評審完《中國時報》和《聯合報》兩大文學獎，而我正好以〈迷藏〉一文獲得時報文學獎。

評審過程中，李永平一票也沒投給我，他不喜歡我作品裡的誇張、暴烈、急於向這個世界展示自己。

更尷尬的是，李永平對我説的第一句話是：「我比較喜歡〈在路上〉，不喜歡〈迷藏〉。」

〈在路上〉是當年聯合報文學獎的得獎作品，隔年，〈在路上〉的作者何致和，也考上東華創英所，成了我的學弟。

‧

在小説的寫作路上，我有一個母親，一個父親。

母親叫張大春，父親叫李永平，他們兩個不對盤。

江湖傳言，李永平跟張大春兩人互看不順眼，曾經一言不合，當著眾人的面大打一架。

後來上課的時候，我們向李永平老師求證，江湖傳言是真的嗎？誰打贏了？

李永平笑著説，他們是狠狠打了一架沒

錯，至於結果嘛……李永平說，我把張大春的西裝撕爛了，最後我賠了他一套西裝。

撕爛張大春的西裝，李永平的意思是……他贏了？

我們沒有再追問下去，作為一個八卦窺秘，我們已經滿足了，但作為一個小說美學，我們卻錯過了。

唉，那時的我們太年輕了，以至於忘了問最重要的問題：你們的美學爭執點在哪裡？是什麼樣的小說美學，讓你們想要狠狠的痛扁對方？

·

在小說的寫作路上，我有一個母親，一個父親。

父親叫李永平，他以海明威的形象，永遠留在我的心中。

李永平是個大塊頭，天生牛脾氣，再加上毛髮旺盛，因此我總是把他跟海明威聯想在一塊兒，天生拳擊手的那種硬漢。

非常巧，李永平的第一堂小說課，教的就是海明威的小說〈印第安人部落〉。

故事梗概是少年尼克跟著醫生父親到印第安部落，為即將生產的女人接生。分娩的過程中，印第安女人痛苦哀嚎，而她的丈夫就躺在上鋪。印第安女人歷盡痛苦，好不容易生下小孩時，躺在上鋪的丈夫居然死了，他用剃刀把自己的喉嚨割開，自殺死了。

原本應該目睹生之喜悅的尼克，卻意外看到最暴烈的死亡。

小說裡的主人翁少年尼克不懂為什麼男人要自殺？那時的我也不懂。

尼克問父親：

「爸爸，他為什麼要自殺呢？」

「我不知道，尼克，我猜他是受不了。」

「爸爸，是不是有很多男人自殺呢？」

「不很多，尼克。」

「女人呢？多不多？」

「幾乎沒有。」

……

「爸爸，死很痛苦嗎？」

「不，不那麼痛苦。尼克，要看情形。」

小說最後是這麼寫的：

他們上了船，尼克坐在船尾，他的父親划著船，太陽剛從山的那邊升起。一條鱸魚躍出了水面，激起一圈水花。

尼克把手伸進水裡蕩著，在早晨的嚴寒中，他感到水的溫暖。

在清晨的湖上，他坐在由父親划著的小船船尾，確信自己永遠不會死。

少年尼克在同一天，看到生，也看到死。

當年的我不喜歡這篇小說，因為我完全無法理解尼克為什麼會說出「我確信自己不會死」這樣的話。

在我心中，這是一篇缺乏邏輯的小說。

許多年後，我終於找到邏輯了。邏輯不在小說之內，而在小說之外。

海明威的父親是個窮醫生，母親則是富家千金。醫生父親的月收入是五十美金，而教授鋼琴和聲樂的母親，收入是父親的二十倍。

二十倍，正是這樣的背景，造成海明威的母親性格強硬，而父親個性軟弱。

個性軟弱的父親，在海明威29歲那一年，自殺身亡。

·

醫生父親、堅強生的女人、軟弱死的男人……〈印第安人部落〉根本就是海明威的半自傳故事。

少年尼克在故事結尾，沒頭沒尾的那句話，「我確信自己不會死」，根本就是海明威用來提醒自己，不，警告自己的：我絕不許自己像軟弱的父親一樣，我要強壯起來。

2003年，李永平攝於東華大學校園，身後緊靠的是當時代步的紅色跑車。（文訊文藝資料中心）

於是海明威成了拳擊手、狩獵猛獸、主動到世界各地的戰場，多次受重傷，做盡一切最男子、最陽剛的事。

然而海明威最後還是死了，像〈印第安人部落〉裡的男子，像他自己的父親，自殺死了。

·

當年26歲的我沒見過生，也沒遇過死，對〈印第安人部落〉這篇小說完全無感。直到八年後，我陸陸續續生了三個小孩，看盡了生。

但我依然沒遇過死。

直到李永平老師過世前三天，我去淡水馬偕醫院看他，他躺在病床上，用盡所有力氣，大口大口的呼氣，意識已經模糊。

那是我這輩子最接近死亡的時刻。

我在李永平老師耳畔，流著淚，像個當機的傻瓜，一遍又一遍的自我介紹，我是許榮哲，謝謝老師那些年的教導。老師一連三次挪動身子，努力的往我的身邊靠，那時我突然浮現少年尼克的那句話，「我確信自己不會死」。

我確信李永平老師不會死。

·

確信自己不會死的尼克（海明威），最後還是死了，李永平老師也是。

關於李永平老師生前，我最記得的是小說課時，我、王威智、施俊州三個混蛋老是沒寫作業，沒有小說文本可以討論。老師沒有任何責備，反而帶著我們到附近的野店喝酒。

喝著、喝著，大家都放鬆了。

老師、老師，說說你對張大春的評價？

李永平有一點醉了，他搖頭晃腦的說，張大春是一流的小說家，但不會是偉大的小說家。

什麼意思？一流和偉大，有什麼差別？

李永平紅著一張臉說，因為張大春對他的小說人物沒有同情心。

同情心？同情心有那麼重要嗎？

李永平的意思是，工匠一輩子可以製作成千上萬個人偶，但母親一輩子只能生出幾個孩子。大部分的小說家是工匠，工匠的最高等級叫一流；只有極少數的小說家是母親，母親才有資格配得上「偉大」這個詞。

小說當然是創作，但在偉大的小說家那裡，更接近生產。

當我還在想同情心的問題時，李永平突然一把眼淚，一把鼻涕，呼喚起他小說裡的人物，小女孩朱鴒：

「朱鴒啊，我最親愛的朱鴒啊，帶我回家好不好？」

隨後，李永平老師放聲大哭：「可是……我沒有家啊！」

·

我在小說母親張大春身上學到一流，在小說父親李永平身上看見偉大。

（原刊於2017年12月《文訊》386期）

9/24

◆ **郭強生** 東華大學英美系教授

9月23日晚間接到金倫通知，永平的告別式就在次日，離他溘逝不過48小時，的確有點匆忙。我也趕著聯絡了一些昔日東華創英所的畢業同學，希望到時場面不致冷清。但到底時間不夠，告別式當天出席的人顯得有些零落，還好有我們這些東華的老同事與畢業同學撐場。老友蔡詩萍隔日就發了臉書貼文，國家文藝獎得主的告別式竟如此蕭條？

但我寧願相信，永平並不會在意有多少達官政要來送他最後一程，因為他知道，到場的這些朋友是真心懷念關心他的好朋友。

告別式結束後，有學生才恍然大悟：「九月二十四，這跟李老師研討會那天的日期相同啊！」

我聽了也心頭一驚。只是巧合嗎？還是冥冥中，是永平的心願在促成？

雖然，這兩場他都缺席了。

話說永平2009年從東華退休，這個決定同樣來得有點匆忙，也讓師資立刻陷入青黃不接的創英所面臨了提前結束的命運。當時正逢與花教大合校，所有獨立所都被消滅，師資人數頓時膨脹，遇缺不補，我向學校申請一位創作師資被駁回，新成立的華文系同時也要在碩士班開設創作組……在一片兵荒馬亂中，我與當年創所的系主任曾珍珍教授一籌莫展。

我當時想到了永平曾說過的一句話：「這個所如果能辦個十屆，就很不錯了！」一語成讖，沒想到正好就是第十屆。永平也許一開始就心知肚明，在台灣的學院體制下，這麼另類的研究所畢竟顯得格格不入。永平更清楚的是，這就是他教學生涯的最後一站了，從他對學生的投入看得出，他對「東華創作與英美文學研究所」（簡稱創英所）的感情自然非比尋常。

今日的我，竟然已是與當年來到東華的他相近的年紀了？

這將近二十年的一場緣分，就這樣要畫上句點了嗎？

我何其幸運，在離台十年後能夠來到這樣一個另類的研究所任教。感謝當時的楊牧院長，把我和永平同時聘了進來，點燃了現在回想起來如夢一場的創英所風華。永平與珍珍都可算是我的老師輩了，與當年才36歲的我共事，卻是絕對的放手與信任。記得，第一屆學生中有一位已有文名的作家，極少在課堂上出現，大概以為這個研究所是個可以混文憑的地方，焉知我與永平、珍珍這日後

郭強生（左）與李永平合影。（郭強生提供）

的鐵三角，對這個所抱有多大的理想。不諳世故的我與這位作家終於起了衝突，楊牧院長竟然挺我，直說對方太囂張。永平更是意味深長地對我說：「以後我們就收幾個年輕孩子，好好教他們寫作吧。」言僅於此，卻成為我和永平之間的默契，我知道他也是在「玩真的」，而不是只想找個地方韜光養晦等退休，寫自己的小說就好。

現在回想起來，創英所能在短短幾年間受到矚目，以及日後無法繼續與體制抗衡，其實都是因為我們的理想性。

將近十年，我和永平都是住在學校的單身老師宿舍，都總在夜裡跑去超商覓食果腹，都是菸槍，都愛熬夜。這樣兩個都帶著一點落寞與孤獨的男子，沒有其他企圖慾望，只想著好好教幾個年輕人寫作，聽起來比小說還更像小說不是？退休前，有一次他突然對我說：「男的也沒關係，還是找個人跟你

在一起比較好。」向來，他說話都喜歡點到為止，相處久了，自然知道這是他的細膩之處。然而，現在的我想起當年的他，才更能明白話裡的況味。

也許不是我們選擇了文學，而是文學選擇了我們。

也許就是那樣突然的感慨，讓他選擇離開了花蓮。

2010年，他的《朱鴒漫遊仙境》要重新以經典版推出，這個經典系列中每本都新附一篇導論，永平邀我來寫。我重讀此書，不知為何倍感蒼涼。年少時來台求學，他的大半生都在台灣度過了，但正當他最意氣風發之時，島上文化與政治風向丕變，他的「台灣性」甚至「馬華身分」都面臨了雙重的質疑，很長一段時間他就獨居在西門町，成了專業的翻譯。終於，2010年他的《大河盡頭》上卷出版了，我當時正好在主持一個

2011年9月24日，李永平生前唯一一場以他作品為主題的研討會，他卻也缺席了。（郭強生提供）

「空間與文學」的大型計畫，便決定邀台大台文所加入協辦，為永平來辦一場研討會，主題就是他的台灣／馬華書寫。

沒想到這也就是他生前唯一的一場，以他作品為主題的研討會了。

事前他一直很高興，但是就在所有講者與論文都邀齊了的時候，他突然跟我說，不要辦了好不好？那怎麼行，箭在弦上，不可能臨時取消，我勸他不要擔心，如果不想聽到別人怎樣討論他的作品，開幕或閉幕時出現一下，致個辭就好。

研討會當天，所有國內台文所所長都到了，所有馬華作家與學者群也都到了，還請來美國的石靜遠教授與香港陳國球教授做專題演講，會場兩百個座位擠得滿滿，我卻頻頻朝門口張望，沒想到，他竟然就放了我鴿子。

我沒有再詢問，他也沒有解釋。我們六年沒再聯絡，直到在紀州庵那場《月河三部曲》套書分享會。他那時已經非常虛弱，見到我第一句話竟像孩子般撒嬌說：「我生病了耶──」我心裡一陣酸楚。主辦單位怕他體力不支，他卻堅持留下聽我們當天幾位與談人的發言，在台上還很高興地說：「你們都沒有說我的壞話喔──」

那天沒有，在研討會那天也沒有，但是他卻糾結著，終究無法面對。是因為「台灣／馬華」這個主題對他而言，太沉重了嗎？

9/24。

這個日期既是他唯一的一場研討會，也是他最後的告別。我與學生想到這裡都默然了，直到一位同學說：「多希望上一個九月二十四李老師在場，這一個九月二十四李老師缺席啊……」

（原刊於2017年12月《文訊》386期）

默劇
追思李永平

◆ **曾珍珍** 東華大學英美系教授兼文學院副院長

　　白鷺鷥，上百，甚至成千，以齊一的律動滑翔、起落，在吳全村的低空。一齣奇蹟默劇，我們同時目擊，他説：恭喜。2001年初秋午後，系評會通過我的升等正教授申請，李永平走出系辦，對在走廊迴避、等候結果的我報好消息。

　　2009年李永平從東華英文系退休之後，我們未曾再見面，一直到去年國家文藝獎的頒獎典禮。那一天他是主角，西裝筆挺，見到我特地從花蓮前來觀禮，很高興，對我説的第一句話是：創英所那幾年，我們大家相處，像兄弟姊妹。接著，他興奮地告訴我正在寫一部武俠小説，寫俠女復仇，並且成功達陣。他透露，寫作的地方除了淡水的公寓，許多時候借住在林田山附近一處友人經營的民宿，常路過東華而不入，雖然想念大家。這就是李永平，同事多年，即使因有革命情誼（無論如何，需把全國獨家的，設立在英文系的文學創作碩士班辦得有聲有色），感覺親如手足，實際的交情卻是平淡如水，因為課後他把全部的心力都投注在小説創作的志業上。或許，同心就不必多説，也不必靠經常餐敘搏交情。或許，因為異性，必須適度保持距離。總之，他從來對我彬彬有禮，眼神對視坦坦蕩蕩。

　　得知他心臟開刀，曾打電話問候。他説寫

2000至2009年，李永平（左一）任教於東華大學創作與英美文學研究所，圖為在校園便利商店與學生聊天。（高嘉謙提供）

完《大河盡頭》累到心肌梗塞；雖然手術成功，撿回了一條命，但心臟已經衰竭，恐怕只有五年可活。雖然想去淡水探望，但知道他身旁有自己熟識的晚輩相伴，暫且無虞；忙著忙著，一拖就是五年。國家文藝獎頒獎典禮上看他容光煥發，應已安度五年大限，不僅著手終極寫作計畫，並且接受了新加坡南洋理工大學的邀請擔任駐校作家，預計順道榮歸故里，他的時運正旺，心裡替他高興。

李永平上起課來聲如響雷，口沫橫飛，有如戲癮上身；平常與人互動，話並不多。任教東華的九年，和我之間，他說情同兄妹，意味著彼此以誠相待，不講虛話。所以，往記憶裡搜尋，我竟然想不起太多他曾經對我說過的話。但是，幾次他發生意外，我都是他第一個打電話求救的人。無論白天或深夜，除了尋求外援，我總是即刻馳赴現場解危；有回，驚惶的他一見到我，竟然趨前擁抱，靠在我的肩上啜泣，彷彿我是他的親人。他的動作率真，不似演戲；因此，潛意識裡，我也是把他當成親人。家人在美，在花蓮的我形同單身。曾經，我一個人周末跑到鹽寮一處人跡罕至的卵石灘看海，對一個前來搭訕的中年男子卸下心防，洩露了自己的身分，那男子竟然對我說，他想吸我的血，如果血管裡留著我的血，他便可以像前往西天取經的唐三藏一樣，馬上變成厲害的翻譯家。四下無人，我一聽，一陣心顫，走為上策。回到東華宿舍，立刻打電話給李永平，告知這個驚悚的遭遇，本以為他聽了會哈哈大笑，說這插曲可寫成小說；不料，他很嚴肅地勸誡我千萬別再一個人開車往無人的荒野闖蕩，會出事的。原來，活在現實人生中的李永平也有非常清醒、謹慎的一面。

他的研究室與我的相鄰。有九年的光陰，除了和郭強生形成學生口中的創英所鐵三

角，坐在研究室裡臨窗外望或站在走廊往西眺覽，我們享有了一模一樣絕佳的自然風光：窗外，海岸山脈近在咫尺，而聳立在藍天綠地之間，以澄靜的湖中倒影為背景，每個晴明的日子，兩排蒼翠的蒲葵總會撐舉著一片片鑲光的掌葉，藉著吸引我們凝神關注細微的光影晃動，鍛鍊我們靜定、敏銳的眼力；而廊外中央山脈沉篤卻又變化無窮的形色，則又勾引且滿足了我們對它獨有的永無止境的戀慕。縱使某種程度親如兄長的李永平對我而言始終是個謎，但因長年視景經驗的疊合，我覺得我們有時是靈犀相通的。當然，更因為我是懂得精讀他作品的讀者。

所以，今年六月初知道他被確診為癌末患者之後，怎麼陪伴他走過死蔭幽谷？我選擇透過Line間歇地傳給他自己在日常生活中用手機攝取到的一些精彩鏡頭，包括下旬與家人出遊日本京阪神沿途值得分享的獵影。他總是五分鐘內即時回應已讀，說他會一一珍藏這些影像。7月30日清晨，尼莎颱風過境，出海之後雨過天晴，我散步走出東華校門，看見對街草場上有大小七、八頭黃牛在吃草。除了一頭懷孕的母牛之外，其牠的牛隻都瘦得肋骨畢現，但是渾身皮毛未見半點潮濕的雨漬，連耳殼裡的細毛都纖毫分明，一根根如金絲。我傳了三張牛的特寫給他，聚焦一隻幼牛的雙耳和耳殼內沿金色的纖毛，他回說：好可愛！好可憐！好想念東華！

李永平在東華動筆寫《雨雪霏霏》。成立了創英所的東華英文系提供了浪子棲身的所在。在群山的環抱下，與同事和學生朝夕相處，給了他一種久違的家的感覺。遙想家鄉婆羅洲，回憶童年，啟動了李永平馬華文學經典《月河三部曲》的書寫。

（原刊於2017年12月《文訊》386期）

編織文字魔性，探索人性黑洞

◆ **須文蔚** 東華大學華文系教授兼系主任

李永平在婆羅洲成長，他特殊的童年經驗，都成為創作的養分。（高嘉謙提供）

和永平老師既是同事，又是鄰居，在花東縱谷中隔著八十米左右的中庭，我經常凌晨一、二點從研究室返家，他往往正敞開落地窗，看著電影，或許又同時認真備著課？

這位傳奇小說家，來到整天談學術績效的大學，總顯得格格不入。他有次非常鄭重地問我：「你知道我為什麼那麼用心改作業，那麼用力講小說？」

我聳聳肩，一時答不上話。

「因為我不愛寫論文，只想創作，所以就要拚命把書教好，讓別的教授沒話說！」

更內心的想法，他愛護學生，特別是來讀文學的孩子，總要違逆父母和社會功利的期待，更不要說不少孩子家境貧困，因此老師就該更用心帶領。他辦創英所時，堅持學生要讀原文書，內在有個因素，他曾在一次醉後對我說：「很多學生來學創作，家長都反對，那我們多教一些英文，學生就可以告訴家長，來東華學外文，是有用的，就可以讓家長安心。」因此，永平老師上課認真，講解賣力，有如戲劇表演一樣，他細細點評作業，啟迪無數青年作家，在創作之外他還指導學生閱讀原文經典，一切的努力，使他成為台灣文學教育上的一則傳奇。

我13年前曾經帶著學生的團隊，很認真地扛著攝影機，訪問他，留下了珍貴的紀錄。在訪談中，他提及父親喜喝兩杯，酌後

吟唱唐詩，環境的耳濡目染，也讓他從小學開始，便已決定將文學作為一生的志向。他說：「不論在馬、台、大陸，我們都是使用同一套的文字系統，這是舉世獨一無二的。因為出生背景的關係，讓我對這樣一種文字系統，特別著迷，與我從小接觸的文字——英文，完全不一樣，就連文字形狀也不一樣。我發現中文是這麼樣的美妙，使我形成了一個很大的想像空間，可以用文學來探索其中奧秘。」方塊字開發了他的想像，年少時寫過詩，但小說終究成為他探索世界的利器。

李永平特別引了海明威的話：「辛酸的童年是一個作家最好的歷練。」因此一個作家的創作，寫來寫去都是在書寫童年，童年會影響一個作家的世界觀，對人生的看法。李永平在婆羅洲成長，他特殊的童年經驗，都成為創作的養分。記得一次餐敘時，提起童年最愛的水果榴槤，他說：「我願意買機票回故鄉，好好吃上幾天的榴槤。」吳冠宏教授家中正好有半顆，就特別返家帶來，一大盤黃澄澄的果實上桌，李永平就一把放在自己面前，大啖起來，完全沒有和同桌師友分享故鄉與童年的滋味。

李永平指出，《吉陵春秋》中的「時空感」非常模糊，在空間上，這些故事可能發生在馬來西亞、婆羅洲，也可以發生在台灣，更或者是中國大陸。在時間，也相當模糊，到底時間背景是什麼，也沒有特定下來。李永平說：「這時空模糊是我刻意安排的，我寫《吉陵春秋》是要寫中國大陸，因為我的故鄉在廣東省，可是我從來沒有回去過，所以我對中國大陸有一點模糊的印象，加上在馬來西亞、台灣的生活經驗，揉合成

中國的形象，算是我正式寫的一部長篇小說。」他用童年時代的記憶，打造文化原鄉形象，創造出經典小說，展現出他驚人的想像力。

李永平精於編織文字的魔性，他自幼就對道德問題很感興趣，由於父親是在學堂中教導中國文學，中國文學強調「文以載道」，也使他經常在內心辯證著這個大哉問。從寫作一開始，總想探討：道德是怎麼淪喪的？道德淪喪之後，人們要承受什麼後果？這幾乎是他早期創作的核心議題。而在寫《雨雪霏霏》的時候，則將矛頭倒轉，從社會轉向自我的內心，探索自己內心深處的黑洞，開始檢討、反省自己。他說：「在寫作《雨雪霏霏》之際，自己在生活上已經有些歷練了，這樣的年紀，可以很真實地去探索自己以前不敢碰觸的黑洞，每個人內心都有黑洞，我們都要坦誠地去面對內心的黑洞，如果沒有勇氣去面對它，那麼在寫作上，便很難有所成就。」這段13年前的自剖，也預示著他寫作《大河盡頭》更深層的思索與超越。

對一個創作者而言，花蓮，絕對是個創作的好地方，而對於一個兼具教書與創作的人而言，花蓮的東華大學，是個相當適合安心教書、安心看書、安心寫書的地方。因為機緣來到花蓮的東華大學教書，李永平相當感謝楊牧老師，將他引介到東華大學來，李永平在影片中很鄭重地說：「相當感激我的老師，讓我有機會在這裡教書、看書、寫書，這是我唯一感興趣的三件事情。」而他也以豐富的創作成果，回應了這個寫作的桃花源。

（原刊於2017年12月《文訊》386期）

悼永平兄

◆ **黃英哲**　日本愛知大學現代中國學部教授

我在永平兄的晚年與他有了短暫頻繁的來往，對我而言，是一件很值得慶幸的事。我來自台灣南方的小鎮，從小學就開始有個作家夢，雖然至今尚未實現，但是因工作之故，也與一些作家有了私人的往來。1997年開始從事當時文建會推動的「中書外譯」計畫中的日譯台灣小說系列，為了與作家聯絡取得翻譯同意權，都是靠著當時任職於《中國時報》的陳文芬熱心協助，認識了僅知其名而不知其人的著名作家，後來和幾位作家成了真正的朋友，至今我仍然感謝文芬的引見。

第一次深刻體驗馬華文學這塊沃野也是在1997年，那年的暑假，承當時還在新加坡大學任教的王潤華教授之邀，第一次去吉隆坡參加一個關於馬華文學的國際研討會，初次接觸馬華文學時，對我而言，馬華文學有種既親切又陌生的感覺，特別與台灣文學相似但又不盡相同的多元混雜性深深吸引住我。會議後，大會除了安排吉隆坡市內觀光外，還安排到濱海小城麻六甲旅遊，加深我對壯闊的「華人世界」之認識。那回會議的最大收穫，即是有機會近身接觸台灣的馬華文學研究先驅之一的李瑞騰教授，並認識了張錦忠兄與黃錦樹兄，之後我們成了好朋友。那時我剛任教異國的大學，錦忠兄與錦樹兄是年輕講師，彼此年紀雖有小差距，大家卻也無所不談，他們都是我關於馬華文學的啟蒙老師。

在吉隆坡告別時，我對他們許下宏願，一定尋找機會將馬華文學翻譯為日文，介紹給日本讀者。此承諾一直到2010年，在當時文建會主委黃碧端教授與稍後擔任台灣文學館館長李瑞騰教授的支持下，以及錦忠兄、錦樹兄、高嘉謙兄、日本學者的協助下，有了京都的人文書院四卷本「台灣熱帶文學」系列馬華文學日譯出版，該系列的第一卷即是永平兄的《吉陵春秋》，譯者是資深譯者池上貞子教授與年輕譯者及川茜小姐（當時是博士生，現在已是大學專任講師）。

2010年日譯《吉陵春秋》出版後沒多久，嘉謙兄從台灣寄來了永平兄的《大河盡頭》上下卷簽名本，以及他給嘉謙兄字跡工整的親筆信的複印，信上內容，請容我摘錄介紹。

> 高教授：
> 收到《吉陵春秋》日譯本，謝謝！印製十分精美，賞心悅目，我非常喜歡。
> 我以有限的日文閱讀能力，將全書瀏覽一遍，覺得日本人果真是認真的民族，連做翻譯都很細心、用功，一絲不苟，

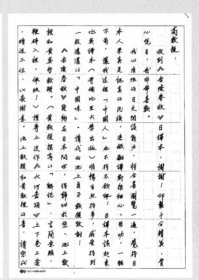

2010年11月15日，李永平寫給高嘉謙的信，信中表達了對《吉陵春秋》日譯本出版的喜悅。（高嘉謙提供）

讓我這個「中國人」也不得不欽佩！日譯本讀起來（略），感受得到一股濃濃的「中國味」。請代向池上貞子教授致謝！

《吉陵春秋》能夠在日本問世，得歸功於您、池上教授和黃英哲教授。（黃教授撰寫的「解說」，言簡意賅，鞭辟入裡，佩服！）謹寄上近作《大河盡頭》上下卷三套，贈送三位，以表謝意。（略）

《大河盡頭》是我回憶婆羅洲之作，用心很深。如果說，這部小說是李永平用他的心血凝聚而成，也不為過。只是，書中對二戰期間日本軍人的作為，以及戰後日本商社在婆羅洲的活動，有頗為嚴厲的批評。希望池上教授讀後不要生氣。我批評的是少數日本人的行為，並不代表我對整個大和民族的看法。事實上，我對日本文化的某些層面，譬如日本文學的意境和日本語文的優雅，從小就十分欣賞和喜愛。若有機會，請高教授、黃教授代為向池上教授說明一下。

順祝

教安

李永平

2010年11月15日

從永平兄寫給嘉謙兄的親筆信，能夠體會到永平兄對《吉陵春秋》能擁有日文讀者的喜悅，以及他的較為明確的日本觀。

2013年夏天，經由嘉謙兄的引見，得以結識心儀已久、馬來西亞出身的前輩學者李有成教授，由於有共同的南港舊庄（中研院所在地）記憶，永遠有說不完的話題，而且趣味相投，熱愛文學和學術，沒有太多的世俗慾望，很快就成為好朋友。記得是2014年的暑假吧，返回台北時，有成兄召集嘉謙兄、貴興兄等人相約聚會，有成兄告我今晚會有一位神秘嘉賓，到了聚會地點後才知道神秘嘉賓是永平兄，第一次見到永平兄本人時，與其說是激動，不如說是感動。當時永平兄好像剛動過心臟大手術不久，看起來臉色蒼

2016年3月25日，文訊雜誌社設宴祝賀李永平榮獲國家文藝獎。前排左起：封德屏、李永平、李有成、李瑞騰、高天恩，後排左起：黃英哲、周昭翡、楊宗翰。（文訊文藝資料中心）

白有點虛弱，但是精神還不錯。之後，每年返台時，至少會和永平兄、有成兄等人聚會一兩次，有一回還是由永平兄當召集人，在他住居淡水的附近聚餐。2016年3月，永平兄獲得國家文藝獎，頒獎當晚，封德屏姐邀了幾位朋友為他慶祝，我也忝列末席，席間永平兄顯得非常高興，反覆地說：台灣最大的寶貴資產是對多元文化的包容與尊重，我非常感謝台灣能夠接受我這樣的一位作家。

永平兄從來沒有訪問過日本，同年下半年在文化部的支持下，本來已經安排好他訪問日本，後來因為與同年南洋理工大學駐校作家的行程撞期，日本行只好作罷，留下一大遺憾。今年上半年，永平兄多次進出醫院，六月曾和內人專程返台到北投振興醫院探望他，最後一次見面是八月初，趁暑假返台之便，和有成兄、嘉謙兄一起到淡水看他，他淡水的住處很窄，但是書房兼工作室整理得井然不紊，他把執筆中的〈新俠女圖〉的構想與進度都寫好貼在書桌前的牆壁上，書桌上放著多本關於明代服裝、城市建築、武術等考據的書籍，稍微聊到他執筆中的〈新俠女圖〉，精神就來，從他發亮的眼神中，當時我們曾經認為永平兄一定能夠撐到〈新俠

女圖〉的完稿，甚至能開始他預訂的歷史小說的寫作。

2015年7月，永平兄的《朱鴒書》出版，在自序，他寫下「向高畑勳與宮崎駿致敬」，表達他向兩位日本動畫大師作品的喜愛與敬意，他多次向我說過熱愛兩位日本動畫大師的作品，最大的心願是兩位動畫大師能夠讀到他的《朱鴒書》，並盼望有機會能夠和宮崎駿導演對談。《朱鴒書》是一本值得向日本讀者介紹的文學作品，為此曾經兩次申請文化部的「中書日譯」計畫，也許書中沒有台味，兩次都沒有得到評審委員的青睞。

就在永平兄去世前夕，在王德威教授的奔走下，《朱鴒書》的日譯終於得以實現，永平兄入院期間，譯者及川茜小姐特意從東京趕到台北探望他，永平兄並將在病榻中手寫的日文版序言親手交給及川小姐。

永平兄，您於遠方迤迆的時候，我們一定努力將日譯版的《朱鴒書》作為您三年忌最佳禮物，並將日譯版《朱鴒書》送到兩位日本動畫大師的手上，勿念。

完稿於2017.10.16

（原刊於2017年12月《文訊》386期）

憶李永平老師在南大

◆ 黃詩倫　南洋理工大學中文系華文創作專案經理

李永平在南洋理工大學校園悠哉騎車。（高嘉謙提供）

　　首次見到李永平老師，是在南洋理工大學的旅館，那是他到新加坡的第二天早晨。我比約定的時間提早15分鐘抵達旅館大廳，沒想到李老師竟然已經在大廳處等候。李老師當時穿著他最喜愛的牛仔襯衫，一臉嚴肅地坐在綠色沙發上，一雙炯炯有神的眼睛觀察著周遭的環境，也不知是在尋找來接待他的人，還是構思新的小説題材。乍看之下，他不像年近七十的老人家。

　　因李老師年紀大，怕他辛苦和行動不便，我們向大學申請讓李老師住在南洋谷。南洋谷就在南洋湖的西邊，不僅靠近李老師上課的教室也接近食堂。南洋谷環境清幽，雖然周日總會有人前往食堂，但晚上和周末卻顯得十分清靜，適合寫作。李老師的宿舍在南洋谷49A，二樓，他特別喜歡他的宿舍，還特意將自己的工作台擺到窗旁，只要抬頭，可看見生機盎然的樹木和湖水。好幾次到訪，李老師都會將正在撰寫的武俠小説稿擺在工作台上。大學的食堂就在南洋谷不遠

2017年1月，李永平（左二）離開新加坡前，在機場與魏月萍（右二）、黃詩倫（左一）、盧筱雯（右二）合影。（盧筱雯提供）

處，老師愛吃南洋料理，像是海南雞飯、魚圓麵、雲吞麵。但，他最愛吃的是南洋土司和咖啡，每次問他想吃什麼，他都會看著我說：「我要吃烤麵包加Kaya，還要一杯Kopi O，南洋的Kopi O。」

李永平老師到了南大根本閒不下來，跟我的學生助理買了台腳踏車。趁著自己閒暇之餘，騎著腳踏車到處逛，幾乎整個新加坡的西部都被他跑遍了。甚至有一次，李老師自己騎著腳踏車一路沿著舊蔡厝港一直騎到蔡厝港，吃了一盤雞飯，才騎回自己的宿舍。

當他將這件事情當成他的南洋歷險記來述說時，他總是滿臉沾沾自喜，但總是會避開不看我。畢竟我受人所託，要看著李老師在新加坡，不要讓他犯險。所以，當我聽到他的故事，總是全身冒出冷汗。除了騎腳踏車，他也愛乘搭地鐵到處探索。有一次，我因為工作需要找他討論事情，就直接打了電話給他。他接了電話，說他在勿洛吃飯，晚上才回來。李老師在新加坡時將他愛探索的精神發揮得淋漓盡致。

老師上課和演講十分認真。或許因身體不好，他上課前，臉色十分蒼白。但是，一旦站在台前總是能發揮他那音響式的聲音，場地的任何角落都能聽得一清二楚。每次演講完，又臉色泛白、汗流浹背，立馬跑回宿舍休息。有一次，我忍不住，向他說：「老師，您上課不要這麼用力，您心臟不好，看您說話的時候，我在下邊都替您提心吊膽，真希望演講可以快點結束。」李老師回話說：「你們花錢請我來教書和演講，我一定都會做好。放心，我有個長處，就是我很會撐，只要在台上我就會將精神集中在演講的內容上。」2017年1月14日，那晚在國家圖書館與英培安先生的對談，他撐不住了，對談一結束，我立刻帶他離開。回宿舍的車上，李老師就連說話的力氣都沒有，一合上眼睛就睡去。

如今，李老師已離開，每當我路過南洋谷到食堂去，都不經意地往李老師住過的宿舍看，彷彿他還在窗旁繼續寫著他的武俠小說。

懷念永平

◆ **黃碧端** 中華民國筆會會長

1982年，我初接中山大學外文系務。學校初創，老師學生都少，連系裡的助教、清掃小妹加在一起，全像一家人。這年開學，我們迎接一位新血——剛從聖路易的華盛頓大學念完博士學位回國的李永平。

我親到車站接他，那是我初見永平。35年前的永平，如果不是皮膚白，且有幾分娃娃臉，簡直就是從梁山走下崗來的好漢，魁梧、笑起來呵呵呵，全然有本領沒心機的樣子。

中山大學那時有個統計，全校教師的平均年齡是33歲，真叫朝氣蓬勃血氣方剛。外文系同事多是新科博士，相差只在兩、三歲間，天南地北竟然相會在都才要開始認識的高雄。每星期我們都會找一天，興致勃勃由識途的同仁領著，找新地方吃飯喝酒，談文論藝。喝酒往往是因為永平。永平幼年經歷過砂勞越的排華大屠殺，潛意識中有著成長期的夢魘。我不確定當中有沒有借酒澆愁的意味，總之中年初度的永平，菸酒都難戒，酒後常醉，醉中有時驚惶喊叫，使人惻然。

永平嘗說台灣是他「最愛的養母」，「生母」則是婆羅洲——那個帶給他夢魘的異域。

然而我們必須承認，多少世代以來，遷徙或留落在那異域的華人，有著面對暴虐、流血都不放棄的、對中國文字的認同。我們只要留意到在馬來西亞的華僑社會如何世代維繫著故土文化，尤其是語文教育，便無法不衷心感動。「馬華」因此長久以來不斷產生優秀的中文作家，日後也必然會在中華文學的大傳統中，占有亮眼的一席之地。而過去這半個多世紀，給了他們最好的成長沃土和展示舞台的，無疑就是台灣；永平口中的「最愛的養母」，是打心底的話。他也好幾回在聚會酒酣之際，說台灣對我真是恩重如山啊！——這漢子，儘管個頭魁偉，才華殊勝，內裡就是個軟心腸的，多情的寫作者！

到中山大學任教時，永平已經是個受矚目的小說家，短篇小說〈拉子婦〉和後來收在《吉陵春秋》裡的多數單篇都已發表。八〇年代前期，台灣經濟開始起飛而報禁未開，藝文版面在媒體占著顯著地位；某一意義上，也可說是藝文創作者的黃金環境。受教於一個知名小說家，使得當時外文系有些學生對寫作躍躍欲試，雖可惜後來並無成家，卻也算系中有「文風」的一段時期。永平教英美小說選讀，上課逸興遄飛，自己很入戲，有時講得激昂慷慨，聲聞十里。他解讀作品，照他自己的說法，受王文興教授影響最深，教學生細品慢讀，有時一段課文就用掉一星期。他特別心儀海明威，常常用一、

1983年10月31日，中山大學外文系同仁及眷屬遊武陵農場。坐者右二為李永平、左二為張錦忠，立者右四為黃碧端。（黃碧端提供）

立文學院（後來高教法規同名系所只算一個單位，所以若非在那個時間點，文學院就無法成立了）。次年，1985，余先生正式接掌中山文學院及外文研究所。

三十多年來，余教授不僅是中山重鎮，也為素被稱為文化沙漠的工業城高雄帶來閃亮的文學光環！起始緣由，正在永平的一紙訊息！

邀得余先生，也使我同時想到還有其他可邀的香港名家，因此1985年同時也自中文大學延請到耶魯大學英國文學博士孫述宇教授。加上永平及原有系中碩彥鍾正鈞、蘇其康……諸君，外文系所一時星光閃亮，漪歟盛哉。

永平在1987年因為獲得聯合報很慷慨的寫作獎助，可以專心於創作，破釜沉舟辭去教職，也成就了後來完成出版的《海東青：台北的一則寓言》，樹立了他的又一個創作里程！

兩個月琢磨一個短篇。但敏感度高的學生，在慢嚼細嚥中容易學到如何品讀好作品，受用無窮。

在中山還有一件事跟永平有關。大約1984年初，有日他手上拿著張信紙，跟我說收到余光中先生的信，光中先生當時在香港中文大學任教已有約十年之久，信中提到「有避秦之念」。我一聽心中一動：那時香港人心惶惶，回歸中國的「九七大限」近在眉睫，光中先生既有此說，豈不是我們爭取他到高雄的大好機會！

我隨即跟當時的李煥校長報告邀請光中先生的想法，剛巧那年我向教育部申請設立外文研究所已獲通過，預定次年成立招生。余先生來的話，除了是詩壇祭酒光駕，也可延為首任所長。接著我寫信邀余先生到高雄先看看環境，並由李校長設宴面邀。余先生首肯後，我們喜迎詩人。隨即又想到，加上中文系，文科至此有了三個單位，依規定可成

未幾年我也離開中山北上，與永平雖不常見，消息倒一直是有的，沒想到的是，去年才設宴賀他獲國家文藝獎，今年再見已在急診室的病榻上，且成了最後一面！他病逝隔一日，自砂勞越來台的親人匆促決定海葬，我當時人在國外，亦不及趕回相送。但想想，永平一生孤獨飄泊，告別凡軀自在遨遊，也正是他的風格；魂魄有知，該像35年前初見，呵呵笑著，只是，那時是來聚，如今是相離……

（原刊於2017年12月《文訊》386期）

同鄉會

◆ **黃錦樹** 暨南國際大學中文系教授

1

我和李永平只見過三次面。

最近的一次是今年9月9日，李永平化療前夕，麥田出版給他在紀州庵辦個新書發表會，兼給9月15日生日的他暖個壽。説是新書發表，其實沒新書，不過是把他晚年寫的幾部長篇組合成《月河三部曲》套書，邀幾個朋友，向他致意。上台的是他昔日東華的同事郭強生，創英所的學生甘耀明，「抬轎王」駱以軍，同鄉高嘉謙和我，張貴興、胡金倫和一些更年輕的大馬同鄉也隱身在現場。沒想到，這也是他50年來首次的「新書發表會」。最該辦發表會的，應是《海東青》出版時，那是他的高峰期，其時45歲。

李永平是被用輪椅推進來的。稍早我們在紀州庵樓下用餐時看到他，比五月中下旬我見到他時氣色差多了，更加瘦，幾乎可説是形容枯槁。

8月17日麥田聯絡我時，看看還沒開學，我沒多猶豫便答應了。心想，這多半是最後一次見面了。

住得遠，懶出門。5月16日，接到高嘉謙私訊，他前一天和幾位台北同鄉，去看過因胃潰瘍住院的李永平：

他很感慨，孤家寡人，沒親人在旁，對疾病恐懼。可以感覺到他的無助。他問起了你的身體狀況。說可惜太遠，現在沒辦法去看你了。甚至有點激動說，當初訪談怎麼會說自己不是馬華作家呢。現在來看他的多是同鄉舊友。他要我轉達，叫你不要再生他的氣了。

我簡短的回應説，在台馬華文學本來就是個同鄉會。

之後確診大腸癌末期，瘤甚大，心臟功能差，醫生不敢動刀。5月21日，遂北上，約了張錦忠和嘉謙在捷運某站，轉車到振興醫院去。病床上的李永平看來頗精神，只是比上回見到時瘦多了。我們握一握手，他的手甚有骨力，戲謔式的説：「黃錦樹，你聽好，我親口告訴你，我承認我是馬華作家！」「我承認我是馬華作家！」説了兩遍。

此前數年，在多次訪談中他力辯自己不是馬華作家，説他寧願被歸類為婆羅洲華文作家云云。我曾寫過幾篇隨筆批評這種「遺棄窮老母」式的態度。一個出生於馬來西亞的作家，名氣大於馬華文學（那其實一點都不難）後，理該設法為它的存在盡些心力，而

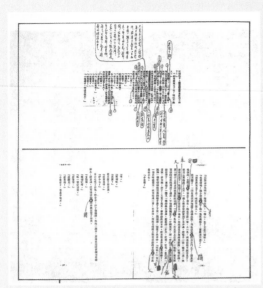

李永平對作品字斟句酌，上圖為〈好一片春雨〉在《聯合報》發表後的修訂稿，下圖為收錄於《吉陵春秋》出書後二版時的校訂稿。（洪範書店提供）

1993年5月6日，李永平給黃錦樹的書信。（黃錦樹提供）

不是略帶輕蔑的把它甩開。當然，那種不願被當成小地方作家的心態，也是可以理解的——在黎紫書及梁靖芬的訪問裡，都可以看到類似的表述。話說回來，即便是賈西亞·馬爾克斯，不會恥於被稱做是哥倫比亞小說家；我們提到波爾赫斯時，也必然提到阿根廷；卡爾維諾，艾柯，義大利作家。

更何況，他在台灣文壇被邊緣化之後，只有錦忠和我、嘉謙這些同鄉（加上榮譽大馬同鄉王德威教授）持續的給予關注，不乏善意的評析他的新作。

癌末，如果不治療，一般就只剩兩個月。

2

1947年出生的李永平，大我足足20歲。1967年，我出生前兩個月，他從婆羅洲遠赴台灣求學。他來台時，比他大幾歲那些念外文系（西語系）、組成星座詩社的同鄉（如王潤華1941，淡瑩1943，洪流文1942等）多已完成大學學業（且出版了詩集），或繼續在台深造，或赴美留學，或返鄉就業，詩社活動基本上已經結束了。

去年11月，比李永平年長七歲的鄭良樹（1940～2016）教授過世。鄭是第一代大馬留台人，也是第一位在台大獲中國文學博士者，專長是版本校讎考證之學，是彼時中文系的正統，執教馬大中文系多年，作育英才無數。誕生於白色恐怖戒嚴時代的台大中文系，退回乾嘉樸學以自保，不教現代文學，更不教寫作。想寫作的

人都得選擇外文系,李永平也不例外。

沒有東西可以繼承,每個人都必須重新開始、自己開路。

大概在1988至89年前後,其時就讀台大中文系的我,在大馬青年社和幾位朋友,嘗試藉由訪談、小論文等方式初步整理已近而立的「大馬旅台文學」(從文學史角度,或視之為「文學特區」)。思考如何突破馬華文學的存在困境、思索馬華文學的典律建構時,旅台幾個世代的文學實踐是最重要的參照。那是遠離馬華革命文學、馬華現實主義的意識型態桎梏之後,在相對自由的時空裡,接受新資源,自主發展起來的。除了星座和神州詩社那些寫作者之外,其他的受關注者都和文學獎有關——在民國台灣30年的文學盛世裡,不限國籍只看作品水平的文學獎是最重要的承認機制,得大獎也就意味著作品水平堪與此間佳作比肩。思考馬華文學典律時,不可能繞過它。

1986年10月《吉陵春秋》獲時報文學獎小說推薦獎,那絕對是個事件。那時我剛抵達台北不久,猶記得它引起相當廣泛的注意,名家如余光中、龍應台等均撰長文討論,推崇備至。其時李永平剛過39歲,那可說是他文學聲譽的最高峰。以致他次年毅然辭去中山大學教職,隱居南投山上,接受《聯合文學》每個月一萬元的補助,全心投注於《海東青》的寫作,隨即在《聯合文學》上連載,密密麻麻細細艱澀的漢字,如滿山遍野的石頭與荊棘。

1992年《海東青》出版,九百多頁,反響卻不如預期。

那年,我在淡水念碩士,寫了篇稍長的書評〈在遺忘的國度〉,連同之前寫的關於他的著作的評論,影印了給他寄上,隨函詢問一些問題,他也很客氣的回了兩封信,掃描件最近作為附錄收入高嘉謙編的《見山又是山——李永平研究》。其中一封信針對我批評《海東青》的序(〈在遺忘的國度〉),他顯然頗不以為然:

> 你在論文提到我在「海東青序」中所表現的保守與反共姿態。熟讀文學史的人都知道,很多文學作品的「序」只是「幌子」,不能盡信的。讀者應挖掘字裡行間所隱藏的真意,找出它「話中的話」,配合作品本身來閱讀,作者的「胸中丘壑」即呼之欲出矣。(1993/5/6)

顯然他認為那篇〈序〉裡存在著隱微表述,不過我還真的讀不出來。因此八年後寫〈李永平與民國〉(2011)時,重讀那篇不合時宜的〈《海東青》序〉,依然把它「當真」——它讀來不像是「幌子」,比較像是篇檄文,正經八百的,讀不出任何反諷的氣味。新版《海東青》把它拿掉了。我的判斷是,李永平一直是個僑生,他愛台灣這個民國(我稱之民國—台灣),而不是日本殖民帝國的子宮孵育的那個絕對親日的台灣。

在〈李永平與民國〉裡,我引以對照的,是2000年政黨輪替(民國在台灣再死了一次後)後陸續發表的、以「朱鴒」(李永平漫遊路上的倖存者)為受話人的抒情短篇,〈初遇蔣公〉之類的篇章。研討會上,講評人廖咸浩教授不同意我的看法,認為太簡單,他舉了部片名有列寧的電影,認為應該「正言若反」的處置,比較複雜有趣。只是,我依然看不出那幾篇小說的「話中的話」,找不到表層敘述之外的、作者的「胸中丘壑」,不能刻意求深。就像那年(2011),在百年小說研討會上讀到詹閔旭的《海東青》論,他別出心裁的解釋說,那敘述者靳五是不可靠的敘述者。我的回應

是，如果是的話，那不知道有多好，可以為小說增加幾多複雜度——可是我看不到任何有力的證據。我總覺得，李永平太認真了，他的小說裡沒有笑聲，就好比他筆下的婆羅洲森林，鳥和植物的種類過於稀少（這後一點倒是吳明益的發現）。

另一封信有這麼一段：

拜讀了「神州」一文及建國兄的「為什麼馬華文學」，感覺很好，尤其你那篇，對《吉陵春秋》的論述不多，卻是一針見血，真讓我開心。……我的創作企圖，騙得過別人，卻瞞不了你和建國兄這兩位大馬出身的批評家。這是我感到最「窩心」的地方。（1993/5/12）

「神州」指我的〈神州：文化鄉愁與內在中國〉（1991初稿）（收於《馬華文學與中國性》），信中談的應是我論文比較枝蔓臃腫的早期版本，談《吉陵春秋》的那段文字後來應是被我自己刪掉，或移到別篇論文去了。函中也肯定了〈為什麼馬華文學〉對《吉陵春秋》的「別解」。在〈為什麼馬華文學〉的第二節「李永平與『南洋』的對話」，指出「『南洋』是李永平出生、成長和長大後被他透過社會實踐（寫作《吉陵春秋》）所『遺棄』的世界」，對照李永平前妻景小佩滿是激情的伴夫返鄉記（〈寫在「海東青」之前——給永平〉）——這篇「返鄉記」狠狠打臉那些把《吉陵春秋》看做是「一個中國小鎮的塑像」的論者——可以清楚看出《吉陵春秋》藉由精細的書寫策略，把「南洋特性」刷洗得乾乾淨淨。擺在馬華文學的典律形成的脈絡中，這樣的案例當然很有趣。我的〈華文／中文：「失語的南方」與語言再造〉（1995）、〈馬華文學的醞釀期——從經典形成，言／文分離的角

度重探馬華文學史的形成〉（1991），李永平都占了重要的位置。他是中文最激進的實踐者，也可能是一向沒有作者的馬華文學的第一個作者。

但《海東青》似乎是李永平傳奇的分水嶺。之後，隨著大環境的改變，即便在學院裡，關於他的小說的討論也越來越少。以台北的「當下現實」為對象的《朱鴒漫遊仙境》（1998）的「現實主義」風格評價不佳，此後，他的小說終於回返婆羅洲了。但自《海東青》後，李永平小說引起的關注，再也不如他的晚輩們。不論是比他小10歲左右的那個世代（張大春、朱天文、朱天心等），還是小20歲左右的世代（駱以軍、袁哲生、邱妙津等），自負如李永平，一定很不好受。獲頒第19屆國家文藝獎，對他來說意義非凡。這承認來得太晚。但有，總好過沒有。至少他很開心。雖然我也不知道這獎到底有多少分量。比較可惜的是，馬來西亞《星洲日報》的花踪世界華文文學獎一直不肯頒給他，寧可一再頒給其實不需要它的人。給他，是雙贏，兩利。

被邊緣化後，在《吉陵春秋》、《海東青》中顯現的對小說本身的野心（小說的實驗性），卻似乎變淡了，他的現代主義時期似乎結束了。實際上並沒有完成的《海東青》，它的整體構思到底是怎樣的（理應是頗具實驗性的），也不得而知了。但《海東青》（已完成的部分）開展並復活的那種古老的漫遊體——藉由一個漫遊主體，一趟旅程，鉅細靡遺的雕鏤細節，特寫之；敘事減速，低度戲劇化。

那不得已而為之的漫遊體，根本的指涉了他自身的在場，及存有的樣態。然而，漫遊者在敘事中的在場讓它只能採用限制觀點，太意識到自己的浪子存有，學者式的認真讓那觀點不可能是不可靠敘事，因而限制了小

2012年10月，黃錦樹（立者）和幾位同鄉相約到淡水看李永平，合影於餐廳。（黃錦樹提供）

2017年9月25日，李永平海葬，返回岸上後其家人與生前好友合影。（文訊文藝資料中心）

說自身的可能性。於是乎自小說的深處發出的其實是一支清朗的、抒情詩的聲音——不管它出自靳五，少年永，還是那隻紅色的青春小鳥朱鴒——即便它覆蓋以數百萬計的漢字大軍。

漫遊體不止主導了他自己之後的幾部長篇，也多少影響了他的弟子門生如甘耀明、連明偉的說故事、認識世界的方式（《邦查女孩》、《蕃茄街游擊戰》、《青蚨子》）。

蓋棺論定，《吉陵春秋》可能還是他文學上最高的成就。但《海東青》卻堪稱是個偉大的失敗，像一艘擱淺在沙漠上的巨大戰艦，赤金色的鏽光依然飄散著殺氣。〈新俠女圖〉則見證了他在自己的戰場上，奮戰至戟折力竭，血染戰袍。

3

1993年通過那兩封信之後，我們就再也不曾聯絡，我也不曾動念探訪這位大隱於市的前輩。我們的小說觀相差太遠，我也早已過了能從前輩受教的年齡，也沒有什麼問題想問他。我猜，我們這些後輩的作品他多半不

會去看，更別說對話，或在文學史裡確立彼此的位置。

忘了是什麼機緣，2012年10月，幾個同鄉相約到淡水去看看李永平，那是我居台26年第一次見到他。同行者李有成老師、張貴興、張錦忠、高嘉謙和胡金倫。自東華退休多年、潛心寫作的他，那時大概剛動過心臟手術，心臟功能剩下不到一半。戒了菸酒，看起來比照片上的樣子瘦很多。他說華語的腔調和我們相當不同，比較戲劇化，有明顯的高低起伏。「像唱歌那樣。」王安憶曾如此形容南馬華人的華語，但我們身在其中，聽不出來。

那之後，台北同鄉的臉書時而會見到他的身影，及一些老朋友的臉孔。久而久之，還真的有些許同鄉會的意味。及至今年五月重病，遠親不如近鄰，比他小30歲那一代的子姪輩同鄉呵護尤多。

2017/9/24初稿，25日補

（原刊於2017年10月2日《星洲日報·文藝春秋》）

天真的朝聖者

◆ **楊索** 作家

秋分暝日對分。你選了島嶼一年中最舒暢的時節離去，乾脆俐落，「颯爽動秋骨」，留給同鄉友朋你矯健瀟灑的浪子身影。此後，夜比日長，日頭日減一分。

你搭船來台灣，而你也坐船離開。啟程時，你是天真的朝聖者，人生有許多不確定性，美與醜惡、機遇和噩運如海象，你踏上未知的行旅。

一行人送最後一程。船駛至太平洋海域，你初抵來處。馬達聲停了，眾人忙碌起來。你古晉的弟妹、子姪忙打開骨灰罐，同鄉晚輩、文友備好可樂、啤酒、鮮花，遺照中的你炯炯望著一切。經驗老到的船長提醒，要在低於船舷下風處揚灰，一陣風吹來，骨灰不可勝數如幻化仙子乘風展翅，那領頭者可是一隻雙眼烏黑靈動的紅雀鳥，你的永恆繆斯呢？

我比朱鴿大一歲，而我出生時，少年永正沉醉於迪斯奈卡通，未料也不過再三年，即將有一場壯闊的溯河之旅，並且他將走得更遠。那時，故事尚未發生，他的心單純燦爛如一口白牙閃光。

或許，我比同齡之人更早意識東南亞的存在，並且熱烈地擁抱。我四、五歲時，

家中厖叔在CAT（民航空運公司）做維修助手，他常帶回一些小玩意兒，一回，他發給每個小孩一塊包裝精緻的小香皂。他指著紙面圖案說，這字是英文「飛路賓哪！Philippines」。厖叔並說，「飛路賓」是一個很有錢的國家，飛領機真大隻，航空小姐金水咧！那行字與想像的國家在我夜晚眠夢中騰飛起來。我捨不得用那塊香皂，只聞著香味，到包裝紙破掉，我用指頭觸著肥皂上一行熟悉的蟹形文，學會我認識的第一個英文單字。

家搬來搬去，小孩愈來愈多，我是被父母忽略的孩子，很早就領會孤獨的滋味。周末，我穿過遙長馬路，去同學家看書，同學的父母是印尼華僑，給孩子買滿櫃的世界童話、香港《兒童樂園》期刊、東方出版社全套讀物。只能看，不能借，我貪婪又飢渴地、恨不得讀完一整櫃的書。

越戰從我還沒出生，打到我國中剛畢業。懵懂時光，看黑白電視的轟炸機，大人討論越南也有共匪。有緬甸逃難來的華僑一家人，與我家挨擠在陋巷屋簷下，那家人斯文白淨、沉默無聲。東南亞的火光燎燎、風聲獵獵。

李永平《拉子婦》收錄七個短篇小說，1976年8月由台北華新出版社出版。

　　眉月曳航，燐燐灰燼如蜉蝣漂流，潮汐推你往南海。與你初見面是在你的告別式，這就是你常說的：人生不外乎是個緣字。那日突然由臉書timeline看見你下午出殯的訊息，我會去，多少是有感於持續多時的文白之爭烽火，而一個終生痴戀方塊字以構築迷宮的白袍巫師大去，這似乎是藏頭詩。我知道弔喪場面勢必清冷，你是不合時宜、與時代氛圍格格不入的人，看重你的人本就不多吧。

　　我想去道別，是致青春，憑弔我個人的慘綠少年記憶。你走後，我重讀你的作品，重新認識你。1967年，大船入港，20歲的你進台大外文系，大一即寫出〈土婦的血〉，系主任顏元叔讀到、召你前來，他建議題目改為〈拉子婦〉，對你說了句影響你一輩子的話：「李永平，你想成為中文作家，要留在台灣。」你甫赴美，《拉子婦》即出版，李永平這個大馬小子已站穩了創作腳步。

　　我在同學父親的書櫃、圖書館、街頭書店繼續孵夢，讀最新出版的《文季》、《現代文學》、《書評書目》。1976年秋天，工廠發餉例休，我在重慶南路書肆看到薄薄一本《拉子婦》，希望能在搭火車回淡水前讀完，這樣就可以不用花錢買。可是我餓得胃痛了、光線暗了，又餓又急的狀態下，我省掉飯錢買了這書。大概因為如此，我細細地讀，想加倍贖回成本，因而在我人生早年就牢牢記住了李永平這個作家。

　　你書寫大河與人的命運，無奈卑微、血腥迷離、異質邊緣，血色浸淹我失眠的夜。夜裡，宿舍靜下來，我爬上陽台發呆，河面有一道光，似從寂闃宇宙深處傳來。很神奇地，在多年輾轉搬遷中，這本書始終在我的書架上，而有李永平名字的書籍愈來愈多。

　　當我讀到晚年的你追憶發現台大外文系的帝國遺物，一座隱身在教室間的系圖書館，你飢渴若狂、沉浸其中。你窮到沒錢吃飯，在同學餐畢，你悄悄進入餐廳撿冷湯賸肴囫圇吞下。在台大對面的雙葉書廊，你翻著甫上市的《現代文學》，忍不住掏出少許飯錢換了雜誌練功。

　　這情景再熟悉不過了，形同窮文青的朝聖儀式。你匍匐前進，三步一跪、無怨無悔。然而，我很早就停止讀李永平的作品，餵養我的是譯者李永平。

　　最近，我又買了一本《吉陵春秋》，確認一字一句我都讀過，但我連情節都忘了，重

遊你精心營造的玲瓏寶塔，就如看俠女白玉釵布局嚴密、盡展絕學的華麗表演，可是就少了真實血肉及情感，像唐人街最高檔的中國餐廳上大菜，味道就是不對。我今天才看出來。

我愛極《拉子婦》中，〈支那人——圍城的母親〉、〈黑鴉與太陽〉這兩篇，緩慢自抑的節奏，風雷隱隱，闇黑中的壓迫感愈來愈強，讀來句句驚心。你才出手就有成熟的個人風格，然可能你真的受恩師顏元叔影響，轉而追求更純正爾雅的中文書寫，刻鋼板似地，推出叫好的《吉陵春秋》；受冷落的《海東青》。做為你的普通讀者，我也是在你的《海東青》時期擱淺的。

這本天書如一道閒人莫入的天梯，「據說台灣只有七個人看得懂」。在台灣天翻地覆、求新求變的大時代，你寫出歌頌三民主義法統的大書，當時令人覺得你是否知今夕何夕？

更久之後，知道你走入文字的迷宮，被這本書倒著寫，寫傷了。成稿後，足足一年再也寫不出一個字，這真是作家的噩夢。而你為了全心貫注於這本書，竟然辭去人所企羨的大學教職，真是豪奢之舉。

雖然，你從未停止譯與寫，但現實生活中，你孤身一人，不與他人交涉，像孤獨國唯一的君王，同時也是子民。很少人像你孜孜筆耕一生，只活在文字的世界。你是天真的朝聖者，受宿命論牽引的邊緣人，即使被讀者遺忘，明知被冷眼相待，往聖杯之途險阻又長，你仍溯流而上。

經過五十餘年的長程跋涉，你走過一個大迴圈，宛如回到原點；但，誠如帕慕克所言：「重返的地點絕非當初離開的那個地點。照這樣說來，我的小說寫作歷程畫出的不是一個圓圈，而是一道螺旋的最初環線。」

幸好有你，以及那一隊閃亮的馬華文學隊伍，給斜視的島嶼歪角度，看見南洋真實存在，蕉風椰影中有槍林彈雨，唐山來的人的困頓與掙扎。

這一兩年，你接連受到遲來的肯定，浪子老矣，你的開懷，從另一角度看，是你也疲倦了。浪子返家，想要母姊一般的寬慰擁抱，那堅硬的殼有了裂隙，遊子脆弱無助的心緒方顯出來。純真的背面是沉淪，濁惡的人世無所歸依，許多年，你只有透過紙筆向那小女孩傾訴。老浪子揹著朱鴒，想守護這救贖的希望，然而這點想望也滅絕了。

沒有人解開過你的行路之謎，不瞭解真實的少年永到底經歷了什麼；在紀錄片《不即不離》，小說家張貴興、黃錦樹筆下的砂共、馬共游擊隊，青春男女的建國憧憬與機關槍掃射交織的紙上書寫，是你同輩人的召喚，你見證過〈死城〉的叢林屠戮嗎？

你追憶過往，認了馬來西亞生母、台灣養母、中國嫡母，自嘲誰能像你一生有三個母親。最後你希望她們風暴止息，讓你平靜下來。你大化而去，不棲息誰的懷抱，但也在每個人身旁，你選擇化成一罈灰末，由著風與水飄盪，經過南海、蘇祿海，你該回到少年永出發的渡口了吧。老浪子，說說你如何渡流東來。「生命的源頭，永，不就是一堆石頭，性和死亡。」

前路迷濛，瞻之在前，浪子，魂兮歸來！做我這個歧路彳亍者的繆斯吧。

（原刊於2017年12月《文訊》386期）

李永平文學事業三階段

◆ **詹閔旭** 中興大學台灣文學與跨國文化研究所助理教授

這篇文章打算介紹傑出華文小說家李永平不同階段作品的關懷、意義與美學表現變化。李永平成長於英屬婆羅洲殖民地，留學台灣、美國，最後選擇定居台灣，台灣成為作家發展一生文學事業的基地。李永平無疑是馬華文學與台灣文學舉足輕重的大小說家，代表作《吉陵春秋》（1986）以純正中文打造充滿中國情懷的紙上小鎮，投射離散華人的原鄉想像；《大河盡頭（上下卷）》（2008、2010）則將視野投回婆羅洲故鄉的重層殖民身世，為華文世界的雨林書寫豎立豐碑。小說家複雜的認同和跨國移動經驗在在反映於令人目眩神迷的文字世界，也榮獲中山盃華僑華人文學獎評委會大獎（中國）、紅樓夢獎專家推薦（香港）、國藝會國家文藝獎（台灣）等大獎的肯定。

這篇文章題目訂為「李永平文學事業三階段」，「文學事業」似乎是比較世俗、功利、甚至帶點企圖心的用詞，但我希望藉此凸顯李永平身為一名在台灣經營文學事業的東南亞移民作家所面臨的種種現實挑戰：他如何處理充滿歷史文化包袱的婆羅洲題材？如何取得台灣主流文壇認可？三階段分期標準主要依據李永平自己提出的「文字三階段論」，也就是「見山是山、見山不是山、見山又是山」，但我嘗試以移民作家文學事業

的版圖發展為切入點，勾勒李永平不同時期小說作品所蘊含的可能論述重點。

第一階段：華人視角的婆羅洲

李永平創作第一階段以《婆羅洲之子》（1968）、《拉子婦》（1976）兩本作品為代表。李永平自中學時期開始創作，既寫小說，也寫詩，取筆名發表於砂勞越當地報刊，可惜目前這些早期文章均已不見蹤跡。1966年，高中甫畢業的李永平將中篇小說〈婆羅洲之子〉投稿婆羅洲文化局舉辦的文學獎，獲獎後出版同名小說。《婆羅洲之子》是李永平生平第一本書，也成了李永平現存最早的創作紀錄。這本小說透過華裔少年混血身世歌頌當地多元種族在婆羅洲大地和諧共存的願景，小說情節顯然呼應當地政府文化政策走向（李永平日後在訪談中也承認），獲獎並不意外，卻也由此可見作家敏銳地留意到作家創作與讀者接受之間的權力關係。《婆羅洲之子》由婆羅洲文化局出版，香港友聯印刷廠承印，刊印數量不多。

《拉子婦》是李永平在台灣出版的第一本書，收錄〈拉子婦〉、〈圍城的母親〉、〈黑鴉與太陽〉等奠定作家文壇名聲的短篇小說，這些作品主題圍繞一九六〇年代婆羅洲華人的生存處境與無止盡鄉愁。同名小說

1966年，李永平以〈婆羅洲之子〉獲婆羅洲文化局第三屆徵文比賽首獎，1968年由婆羅洲文化局出版。（高嘉謙提供）

〈拉子婦〉是最值得留意的一篇，小說呈現婆羅洲原住民遭華人大家族歧視而慘死的悲劇，既批判華人血統主義，同時奠定李永平小說反覆出現的女性受難者形象。〈拉子婦〉是李永平在台灣完成的第一篇小說，逐漸展現台灣文壇帶給他的影響，這一篇作品由齊邦媛翻譯為英文，英譯本收錄於*An Anthology of Contemporary Chinese Literature*（1976）。

《婆羅洲之子》是李永平在婆羅洲出版的第一本書，《拉子婦》則是他在台灣出版的第一本書，這兩部「第一本書」的小說背景皆安排在婆羅洲，馬來語、原住民語、各式外語雜處，點出作家創作的最初靈感泉源。儘管兩部小說的語言運用青澀稚嫩，屬於李永平定義的「見山是山」創作階段，素樸文字卻已觸及從華人觀點思考種族接觸、殖民主義、離散懷鄉等深刻議題，埋下李永平日後寫作關懷的軌跡。

第二階段：現代主義語言實驗

李永平創作第二階段積極尋覓在台灣文壇的定位，他寫作台灣題材、調度現代主義技法、投稿台灣兩大報文學獎，小說家期盼獲得認可的企圖心十分顯著。《吉陵春秋》（1986）、《海東青》（1992）、《朱鴒漫遊仙境》（1998）是此階段代表作，無論敘述觀點、時空觀或前衛大膽的語言實驗，在在標示李永平的台灣現代主義血緣，讓人一探王文興、白先勇等台灣現代派小說家帶來的影響。

《吉陵春秋》講述一樁強暴案，小說家分別以12個短篇小說，大異其趣的敘事觀點拼湊出少婦受辱現場及後續效應。值得留意的是，《吉陵春秋》的預設讀者在台灣，小說家在這本小說弱化南洋風土，戮力經營一座古意盎然的中國小鎮奇觀，並把日常人物對話淬煉成高度純化的中文敘述，這樣的語言美學選擇耐人尋味。《吉陵春秋》出版後深獲好評，入選《亞洲週刊》舉辦的「二十世紀中文小說一百強」，也已出版英、日語譯本。

《海東青》、《朱鴒漫遊仙境》小說背景移到台灣，這是馬華作家少見的寫作嘗試。李永平現代主義語言實驗到了這兩本小說更為基進決絕，《海東青》穿插冷僻生詞，「風颶颶」、「衚衕口」、「水曡紅」，構成紙上文字奇觀。學者劉紹銘戲稱，讀李永平作品需「抱著字典讀小說」，李永平日後

自1990年代末期，李永平以故鄉婆羅洲為書寫背景陸續完成系列小說：《雨雪霏霏》（2002）、《大河盡頭（上下卷）》（2008、2010）、《朱鴒書》（2015）。

也坦承這一本書陷入文字泥沼，走進「見山不是山」的創作階段。儘管如此，李永平對於語言文字的講究至今仍是小說家最為人稱道的特色。

從第一階段的婆羅洲鄉土轉向第二階段《吉陵春秋》的中國小鎮風情、《海東青》與《朱鴒漫遊仙境》的台灣書寫，我們看見作家開拓書寫題材的企圖心，但更重要的是，李永平在這一階段積極與台灣讀者對話，讓人一探東南亞移民作家戮力取得新居地文壇認可的過程。

第三階段：世界版圖裡的婆羅洲

自一九九〇年代末期，李永平以故鄉婆羅洲為書寫背景陸續完成系列小說，《雨雪霏霏：婆羅洲童年記事》（2002）、《大河盡頭（上下卷）》（2008、2010）、《朱鴒書》（2015），合稱《月河三部曲》，至此邁入李永平創作第三階段。這一階段是李永平的「見山又是山」時期，既指小說家放棄古奧冷僻的文字實驗，同時他也回過頭書寫婆羅洲原鄉，呼應早期創作關懷，只不過，他跳脫早期華人移民視角，轉從世界史格局思考婆羅洲的位置。

第三階段具有兩項特色。首先，跨文化雜糅是此時期作品核心關懷。自《吉陵春秋》、《海東青》兩書出版後，李永平往往被定位成中華民族主義，《月河三部曲》卻大異其趣。學者黃錦樹主張，《月河三部曲》雖是華文創作，但小說人物所使用的溝通語言應是華語、英語、馬來語、加上原住民語言，呈現迥異於《吉陵春秋》的純正中文世界。

第二項特色，這一系列小說投射出重層原鄉情結。李永平高中畢業後離開故鄉，移居異鄉的離散經驗化為他源源不絕的寫作養分。有意思的是，作家心心念念的原鄉，不只一處，有別於一時一地的自傳式書寫，李永平這一系列小說穿梭於婆羅洲、台灣、唐山大陸之間，展現作家盤根錯節的認同。

《月河三部曲》融匯婆羅洲原住民族、西方殖民經驗、日本殖民創傷經驗、馬共游擊隊秘史，交織錯綜出近代世界地圖，開闢華語文學獨樹一格的眼界。論規模篇幅、論小說視野、論美學成就，第三階段創作是李永平窮盡畢生生命經驗與自我反思所寫下的力作，亦留下李永平從台灣走向世界的足跡。

（原刊於2017年12月《文訊》386期）

朱鴒回家了！

◆ **盧筱雯** 南洋理工大學中文系博士候選人

　　2016年9月8日，是一個特別的日子，那天與游俊豪老師匆匆趕去機場迎接剛到來的南洋理工大學華文創作項目駐校作家——李永平老師，我很幸運地成為接待他的人之一，開啟了與他的一段師生緣。過去在台灣讀書時經常聽許多人提起這一位旅台作家，稱他為「文字煉金師」、「婆羅洲之子」，但是總沒有機會見上一面。還記得那時握手的感覺，微涼的手心加上堅定的力道，彷彿我們是久未見面的朋友，那樣親切，沒有架子。在聽聞我是從台灣來的學生，又是東華大學畢業之後，馬上拿出綠色護照，直說：「他鄉遇故知，我們不只是同鄉人，還是同校師生哪！」猝不及防的熱烈，瓦解了我對文學大師的既定印象。

　　如同許多評論所述，他是一位善於處理關係的小說家，能恰到好處的定位自己。然而，他的身分也成為許多人追逐的問題，年近古稀的他以異常堅定的聲音說著：「我是透過文字書寫身分的問題，在我心中的母親有三個：一個是生我的婆羅洲、一個是養我的台灣、一個是文化母親中國。」言談間強調自己是哪裡人並不重要，更重要的是想要成為怎麼樣的人。這一點也許是對自己的身分提出緩解，又或者是歷經歲月後得到一個相對寬容的結論。

　　從身分延伸的是語言的問題，李老師在新加坡作家節與歐大旭對談時，曾經討論過這個問題。為此，他興奮不已，因為他說自己是從馬來西亞到台灣以中文寫作；而歐大旭則是出生台灣，後來到了馬來西亞以英文寫作，若能以兩種語言對談，一定能激發許多火花。那一天，我看到了像頑童一般的笑容，即使身體疲累也無法掩飾他想對話的心情。從小因為父親是華文老師，自然而然使用華文書寫，但是在殖民地華語受到打壓，自己又是客家人的緣故，當時就認定自己是一個沒有母語的人，因此在小說中找尋母語。為了使自己真正使用純正的中文，他寫下《吉陵春秋》，內容描寫一個東方式的因果報應故事，後來加入南洋風味的語言，卻因為老師說他寫的中文「怪怪的」而作罷。這個決定成為他一生中最後悔的事，也認為這是一部失敗之作。他說自己為了塑造李永平的語言，付出相當大的代價，再提到同場的歐大旭從小長在福建和馬來語混合的環境，他付出更多努力去追尋用英文寫作的方式。因此，他來到新加坡為同學們上課時，也不斷提起不要看輕語言的力量，它能讓他在不同的境界和文化中悠遊。鼓勵同學們用家鄉的語言書寫，重要的是傳承文字背後的意涵，而非文字本身。

事實上，語言與身分一直是他小說的主軸，尤其是在《月河三部曲》中塑造的小精靈——朱鴒，是一位台北小女孩，李永平老師把她丟進婆羅洲的叢林中，以她的親身經歷回頭來對台灣介紹這個遙遠且神祕的國度，古靈精怪的形象像極了他的內心，有人說這是一部自傳之作，但我總覺得透過朱鴒的身影，他也慢慢釐清原鄉與僑居地間錯綜複雜的情感。

在南大駐校的幾個月，經常可以見到李老師漫步在校園中的背影，看起來像個站立在峭壁上的獨行俠，目望著遠方，那樣深邃也有點孤獨。我們最常做的事就是在課後走到學校餐廳吃午餐，老師永遠只點少少的麵包和咖啡，我問他：「這樣吃得飽嗎？」他回我說：「我吃得少，上課會讓我很累，但很精神，尤其看了同學們的創作，讓我感受到年輕的活力，不用吃也沒關係！」那時總擔心他的身體，尤其是拖著病體演講，記得好幾次看到他演講得激動，手抖到不能簽名，或是演講前嘔吐，但他總是盡力不讓人發現他的不適。現在回想起來，那時的他是不是早就遭到病魔纏身？為什麼不說呢？

他離開新加坡的那天早上，一貫的麵包和咖啡，我和詩倫陪著他聊天，他對我們說等他寫完〈新俠女圖〉就要自殺，因為此生無憾了……一位信仰寫作的狂熱者，要如何放下筆桿？又是遇到什麼樣的困境，導致他說出這麼可怕的話？直到很久很久以後，我們才知道在生死面前，一股決絕、不屈服的勇氣成為他流離多年的支柱，也因為這樣的個性才能寫出如《大河盡頭》般磅礴的作品。可惜，命運終究沒有讓他完成心心念念的武俠小說。

私底下的李老師有俠骨柔情的一面，我們常在出門演講的路上聊天，他關心著我在新加坡的生活，鼓勵我面對不同的語言要多聽、多說、多寫、多讀，世界上沒有一個語言可以跳過這些步驟；說到淡水的生活，他的眼眸突然亮了起來，老街裡好吃的食物被他說得生龍活虎，於是我們約好了下回他當嚮導帶我們淡水一日遊；回去台灣後，他也對我說很想念這裡的學生，要我幫忙提醒他們一定要持續寫作。八月底時，我興奮的告訴他：他指導的學生得了文學獎，希望給他一些力量，還說了我們的約定，他讀了但沒有回……我當然知道為什麼，但心底祈禱著一定要撐下去，沒想到這個約定竟成了一輩子的遺憾。

褪下小說家的包袱，可以從病痛中走出來，長眠在大海裡的您，想必已經回到夢中的婆羅洲了吧！在那裡您可以開一場辯論大會，一定又有人問起身分的問題，您可以大聲的說自己的家不只在婆羅洲，還有台灣。如果在那裡遇到了朱鴒，記得再跟她一起去新的地方冒險喔！

李老師曾說過：「我一輩子在寫的就是人與人之間的緣分。」謝謝那段日子的相處，讓我看到一個堅持寫作的勇者，他的離開讓我們都很難過，手機裡的LINE再也不敢打開，因為遠端的那人已經無法回應，但我們會記得老師說的「緣」讓我們持續以文學相約、相聚。

（原刊於2017年10月9日
《星洲日報·文藝春秋》）

總是遠航，總是歸岸

◆ **魏月萍** 南洋理工大學中文系助理教授

炙熱的夏天，台大國青宿舍，蟬鳴聲擾耳。那時剛寫完碩士論文，等著論文答辯時間確定，剛好馬來西亞華社研究中心出版的《人文雜誌》策畫有關人才外流的專題，找我寫人文人才方面的文章。如今已忘記從誰那裡取得李永平老師的地址，寫了一封自認為懇切的信，希望能打動他接受訪問。

很快的，收到一封來信，信封上娟秀的字體注明「台北峨嵋街李永平寄」。信裡李老師極為關心馬華文學的發展與前途，但他認為人文人才的題目太複雜、太敏感，牽涉到現實政治，他不願意談；同時透露即將到花蓮東華大學「創作與英國文學研究所」任教，在信末說：「有空到花蓮來玩吧！」

17年之後，2017年在新加坡樟宜機場，李老師結束在南洋理工大學的駐校作家任務，在一月中旬返回台灣。和詩倫、筱雯一塊陪同李老師到第三航廈的亞坤咖啡店喝他最喜歡的kopi。那天他精神好，興奮的說最近身體狀態不錯，每天疾筆寫作，頗滿意目前的進度。還特別叮嚀我們不要讓他台北的

朋友知道他回台灣了，因為回淡水後他要閉關寫作。道別後，李老師用高亢的嗓子說：「有空到淡水來玩吧！」

一切都來不及了。和李老師在機場的合影，已是他在新加坡的最後身影。如今李老師已揮別泥塵，灑脫入海，回歸自然。幸好，他終究圓了多年的南大夢。

在南洋大學原址的南洋理工大學，早已改頭換面，風化的歷史，常讓人噓唏不已。當年遙望南大的少年永平，在2016年9月踏入雲南園時，心情十分激動。駐校作家開幕禮上，李老師發言時數度哽咽；簽名時，因為心情過於激動，手不斷發抖，年輕的同學有些驚訝，那樣深邃厚重的情感背後，究竟蘊藏著怎樣的作家心事。

在南洋理工大學駐校期間，除了每周五早上一堂小說創作課外，李老師特地安排了辦公室諮詢時間，讓同學們來討論寫作或閱讀的事。他的辦公室和我的辦公室很近，所以偶爾會去串門子，和李老師談他家鄉古晉的文史工作概況，談陳妙華翻譯的馬來小說以

李永平（左）擔任南洋理工大學駐校作家期間，與魏月萍合影。（高嘉謙提供）

2017年1月，李永平（前排右五）與南洋理工大學學生於最後一堂課合影。（高嘉謙提供）

及新馬兩地的文學等。他不時興奮的說，是啊，你看，這裡有這麼豐富的東西，都可以作為創作的素材啊，要鼓勵年輕人多寫。

不過李老師這趟來，彷彿有其自身的期待。離家久遠的浪子，想要回饋南洋子弟，把他的寫作經驗傳授給有志於創作的年輕人。也瞭解，他尚有太多的事想一一澄清。於是，每一場對談，每一場講座，似乎成為他的懺悔錄，他的自白書。無論是關於文學，又或他的身分認同，還是那始終懸掛在心的婆羅洲或曰「家」這個地方。

就算是回家，他也是惴惴不安，飛機抵達古晉機場後，在機場裡不安的待了好幾個小時，才敢回家。這種心情難以用一句「近鄉情怯」來加以涵括。如同他在每次講座前，總是向聽眾們請求原諒，總會說「我李永平回來了」，或近乎求饒的說「你們要放過我啦」，聽起來像是玩笑話，卻如千錘敲擊。那一道重重的聲音如同森林幽徑裡的回聲，等待著解鈴人的出現。

終究解鈴人是自己。生母、嫡母、養母

這「三個母親」的比喻，或是解除身分認同困擾的安頓方式。不想再背負著「逃兵」的愧疚感。一方面為三個母親找到落實處，另一方面，重新找回對「馬來西亞」的感覺與紐帶關係；也試圖讓人明白，為何在多年前的一篇訪談，他提到回家也刻意避開馬來西亞的天空。馬來西亞只是一本護照的稱謂，是一個有多重政治議程組成的複合國。他對她，不具有認同關係。

李老師在新馬兩地演講時常提到：浪子李永平回家了。這個「家」不是民族國家的概念，也不是有國籍的國家身分，而是與他文學生命有著千絲萬縷關聯的「南洋」。無論是摻雜著怪怪南洋腔調的華語，寫作中彆扭的南洋語言，又或在心靈和精神所構建的南洋世界，才是最真在的生命搖籃。

浪子又起航了，以淡水河為起點，終究又航向無盡的南洋。

（原刊於2017年12月《文訊》386期）

長憶李永平

◆ **蘇其康** 高雄醫學大學語言與文化中心講座教授

1987年，李永平攝於中山大學外文系研究室。
（高嘉謙提供）

杜工部名句：「人生不相見，動如參與商」，確是情景和意涵的妙品。算起來初識李永平快將五十年了。當中有十來年為了學業，我們各奔前程，完全沒有交集和訊息，然後共事數年，再來又分別了十多二十年，幾個月前才又再見面，彼此雖然很像君子之交，大體上都知道對方的狀況。這些年來，永平過去的一些點滴事跡卻歷歷在目。

第一次聽到李永平的名字約在他大二時，剛剛發表了〈拉子婦〉短篇，顏元叔老師給予好評，我們雖然比他高一班，很快便都知道有這一號人物。那時系裡前前後後同學間文筆犀利明快的委實不少，寫小說的族類永平算是突出的一位。我和他因為有相類僑生的背景，雖然不同班，沒多久便認識了；其實他不是一個社交活躍的人，偶而在打牙祭碰面時會交談幾句，甚至鬥嘴，主要是我們各自的文化背景不同，對某些事情不免看法有落差，但從不傷和氣。

台大外文系系學會有一份英文半年刊叫做 *Pioneer*，我從學長手中接下編務兩年，升大四時便交給永平。他編的首期出刊後，一看，不由得佩服他編得比我好，格局放大，不限在學同學，還約到海外系友的稿，真不簡單。

1983年秋天我回台到中山大學外文系任教，到步後居然遇到故人，他比我早一年就職。這時的永平，體型已比大學時代腰圍多了一圈。在中山的幾年我們互動頻繁，那時系主任是黃碧端，她夫婿王家聲、後來余光中老師也回到中山，還有一兩位同事，幾乎每天我們都相約一起吃午餐，席間話題多

元而風趣。在我任教的第一年，因為家眷尚未和我會合，而永平的太太遠在台北，平日晚上，我倆經常一同闖蕩西子灣外面的「江湖」，他會告訴我許多台北的軼聞和怪談，以及高雄的耳語。對社會現況的觀察和瞭解，他比我在行。論起年庚，他還比我年長，故而我也樂得跟著他這個老江湖見識花花世界的一隅。

有一次我們到一個餐廳吃晚飯，我打算點一道芋頭酥鴨煎，他卻期期以為不可。原來他說小時候家貧，常常吃芋頭裹腹，因此對芋頭沒有好感。此情形非常符合心理分析的說法，一個人幼年的經驗會烙下影響成年後的印記。這點在他的小說裡非常明顯，他所寫的舊社會事物容或是想像和虛構的，但好些情景極可能是他兒時所經歷或目睹耳聞，終身難忘，化為筆下的文化記憶。

中山外文系是他的基地，卻又在中文系開了一門小說創作課。那時余光中老師擔任文學院院長，中外文兩系一家親，大概余老師也贊成他「跨界」授徒。其實這門課花去他很多批改作業的時間，但他卻樂此不疲，這份經歷和他後來去東華大學的創作與英美文學研究所的動機或許有點關係。忙歸忙，每個周末他都回台北和妻子相聚，偶而太太南下。但我有點不解的是，在中山後期他回到台北時卻耗上一整天在聯合報系幫《美國新聞與世界報導》做翻譯，並自承翻得快，稿費也賺得輕鬆，我曾勸他不要太忙，別把自己困住，即使喜歡喝啤酒，也不要用兼做翻譯來賺取浮一大白。不過話得說回來，八〇年代中期，公立大學副教授的薪水只有兩、三萬元台幣而已，隱約間，好像聽出他有經濟壓力。但我知道，他對創作的熱誠從不打折動搖。

《吉陵春秋》出版後，他就奠下要寫一部長篇小說的心願，同時也很想到中國大陸一遊，可惜時候未到。長篇小說的計畫，幾年後就由《海東青》實現了，而他對中國大陸的眷念，倒不是要看看「新中國」如何變化和進步，其實他要體驗一下文化的中國，這點在我們閒談間都很清楚的定位。其實，在《吉陵春秋》裡就有不少舊文化中國中下階層社會日常生活的細節描述，非常精彩生動，發揮了小說家的觀察和豐富的想像。

後來這個「硬頸」的客家又是文化異鄉人決定辭去中山的教職，到《聯合報》提供的「南園」靜境專職寫作。他說出來時我勸他不要冒進，不是對《聯合報》給他的條件有意見，而是在小說寫完後他的生活層面又要從頭來。余光中老師也極力勸他慎思，但永平終於決定北上專事創作，把他對這個社會各個面向的洞識力，化為文化動態和反思的一部長篇小說。

這一別，竟有20年。去年初李有成和我提過幾次，找個空檔我們三人聚一聚，中間因為永平去了新加坡做駐校作家又擱了一陣。返台後不久他就發病住院。六月時，我約了中山舊同事楊泰雄，也是永平台大的同班同學，一起去台大醫院看他。恰好遇到《文訊》社長封德屏和永平從馬來西亞過來的妹妹，他們還把加護病房的訪客名額讓出來給我們進病房看永平。插了管的永平雖然不方便說話，但精神倒不錯，我們還相約出院後同去喝啤酒。

永平的文化中國現在只能留在他的武俠小說〈新俠女圖〉裡。13歲的少年陪著女俠從一大群客家人聚落的廣東南雄北上直闖中原，難道不是永平的縮影嗎？這篇未完成的武俠小說，可能就是永平未竟夢想的部分實現吧。

（原刊於2017年12月《文訊》386期）

時光渲染的臉

◆ **龔萬輝** 作家、插畫家

十月裡最沉重的一幅畫，是為你畫的肖像。那已是你離去之後的事。馬來西亞《星洲日報》副刊要做悼念特輯，主編來問，寫一些什麼吧，還是畫一幅畫？我說，懷念的文章讓給李老師的學生、好友來寫，那我畫一幅畫吧。起稿的時候，只能依著一張留下來的照片。那應是去年的近照，你在新加坡南洋理工大學擔任駐校作家的時候拍下的。照片中的你隨性坐在階梯上，穿淺藍色丹寧襯衫，手捧著書，而眼神留在遠方。再仔細看你，眉間微蹙，似乎有一種因為歷練的豁

達，又有一種看透了時間的憂鬱。

那時間已經定格，再無由修改，而我如何仔細描摹，也僅是逝去的光影而已。肖像打好了線稿，水彩渲染在潮濕的紙上，待乾未乾，慢慢整理出光暗和線條。那畫畫的時光，要頻頻回顧你的照片。每一回望，就似乎流失了一些細節。然而比起無法修改的照片，畫畫總可以允許刪減或增添什麼吧。畫筆也許可以撫平一些皺紋、一些愁容，撫去那些人生之瑣細。一張臉從紙上慢慢浮現出來。那畫中之人，灑脫也憂傷，也許更接近我的記憶，第一次見到你的樣子。

你逝世那幾天，先是在臉書上，大家都各自貼上了和你的昔日合照。不同時期的小說家，似乎擁有不同的臉。少年時那麼英挺自負，總是雙手叉腰，無懼鏡頭。近年的照片都是聚會留影，有時我認得你身邊的人，有時不認得。而你總是一張時光渲染過的，線條柔和的臉。

我在學生時代讀《吉陵春秋》，不曾去想像你的模樣，卻迷惑在那南洋小鎮的虛實之中。總覺得小說裡的場景，和現實有著一種若即若離的差距。像是從望遠鏡看出去，那些積木堆疊般的小鎮，或者雨林、長河的那些細節，那些鏡頭之中的流水和蕨草，恍如皆伸手可及卻又那麼虛幻遙遠。許多年之

後，我才明白，那是小說家和現實之間的時差。那時你和張貴興已經為華文世界演示了你們華麗的文字幻術，婆羅洲之景成為馬華文學最鮮明的筆觸。你們恍若縱走雨林的巨人，而我那時在台灣念大學，才開始牙牙學語地寫小說。

也許很多年以後，我仍然會記得和你初見的情景。2015年5月，應《文訊》之邀到台北講座，竟由我這位後輩來談馬華文學，同台的還有張錦忠老師和黎紫書。我忘了那天談論的細節，或許又是「邊緣」和「離散」的老話題，如你所曾經歷的，而至我正經歷的；倒是記得會後和前輩們吃飯，席中有你，和我隔了一個座位（中間應該是黎紫書）。那是我第一次見到小說家李永平。你穿著米白色短袖襯衫，頭髮梳齊。你是大家的前輩，一身自在。你在席間向大家說起，寫完了婆羅洲三部曲，自己即將回去東馬家鄉看看。那已是久違半輩子的婆羅洲。大家都說，那裡已經不再是你記憶的樣子，從飛機上望下去，大河旁的雨林都被開墾種植油棕，露出紅色的泥濘如一窪一窪的傷口。你聽了靜默下來。後來忘了又說到什麼，你回頭問我能不能喝，給我倒滿一杯台啤，我心虛地接過杯子，乾了杯。這杯酒，應當平常，卻讓我一直惦記至今。

一年後，曾經的迢迢少年郎真的回到馬來西亞，而我也去聽了

〈新俠女圖〉連載插圖。
（龔萬輝繪圖）

你在吉隆坡的講座。你在台上泛淚說，今天終於和婆羅洲這位母親和解了。你說話如懺悔。我於心不忍的是，你最後像是哀求那樣結束了主持人的追問：「可以了，可以了吧？」那時的我並不真正知道你那內心之中壓抑多年的矛盾和猶豫，但你卻還記得我，後來在眾人面前，竟然從手機翻出一年前在台北的飯局合照。極糗的是，我仍穿了和當時同樣一件衣服，惹了一陣笑。

這大概就是我和小說家李永平之間，我所不想忘記的一些小事。六月接到《文訊》秀卿一封急信，說你入院，仍一心掛念未寫完的〈新俠女圖〉。《文訊》會趕在八月連載，你希望我為小說畫插畫。我說好。老師開口我一定說好。我因此幸運地比讀者們更早一步讀到了這部小說的前面七回——你這些年心心念念的武俠，牽牽掛掛的江湖中原。在你的故事裡，你似乎化身成了一個南方少年，追隨著漂泊的女俠，在紛亂的江湖，遭遇那些劍俠和刺客。而你一再被離棄，又鍥而不捨地一路追尋。

少年李鵲、女俠白玉釵、蕭劍、浪人菊十六郎，在你的小說裡，皆活靈活現，而我只是依著眼前浮現的那一張一張臉，把他們描摹出來而已。但時間很趕（你同一刻也在和時間賽跑），終硬著頭皮熬夜畫完。畫畫的時候心底還是有些惴惴不安，不知道我畫出來的白玉釵，是不是你心底的樣子。我其實並沒有去仔細考究明朝的服飾和武器，你筆下每個人物華麗的衣飾描寫皆一再被我省略，而且原本小說裡紅色的胭脂馬還被我畫成走過天亮的白馬。我畫女俠長長的麻花辮，總像是蠍子的尾巴。而我畫的少年總是倚著窗，一個人望著很遠的地方。

後來台北友人宗翰轉告，說你此刻在醫院裡，想要告訴我，說喜歡我給你畫的插畫。我恰好正在開車，沒接到撥來的電話，趁著車子等待交通燈的時候，手機匆匆回了訊息，說：「那我就放心了。」

西方的技巧，描繪東方的人物。那是我當初讀你的小說時，最初的印象。如今我也用西畫的技法，畫你寫下的武俠人物。水彩的技法裡，渲染法最難以掌握，卻也最接近東方繪畫的墨染。顏料在充沛的水分中綻開，應該暈染到哪裡停下，因為氣溫、濕度，而有非常多不確定性。即使是最老練的畫家，也要面對那種不期而至的結果。也正是這樣，讓水彩有別於油畫、素描，而那麼地類似「命運」。

卻到後來，你留下了未完成的小說，而我留下了你筆下人物的那些臉。紅的衣裳，綠的竹林。那些水彩的武俠人物，揮舞著刀劍，像是定格，又像還在水分潮濕的紙上欲乾未乾。

我沒有告訴你的是，在畫這一系列小說插畫的時候，我其實也經歷一些人生難事。用手機讀著你的小說初稿，我正一個人坐在深夜的醫院長椅上。有時候覺得人生實難。抬起頭，想起你正以肉身在和現實搏鬥如唐吉訶德。再讀你筆下的江湖少年，突然理解了，生命就是一場搏擊。小說家的對手就是時間。

如果再多給我一些時間，我願意為你畫一幅肖像。不要依著平面的照片，想像你就坐在我的面前，我凝視你那張時光渲染過的臉，為你寫生。也許你會因為不耐長久的定坐而動了一下姿態；也許因為說起了故鄉什麼，你陷落沉思。我想多再聽一些，你那個沒寫完的故事，到底後來怎樣了。我也想如那個南方少年一樣，跟隨劍俠們去看看那浮蕩的江湖。多想終有一天，我也可以舞出那萬華劍花，稍縱即逝，卻又美麗無倫。

（原刊於2017年12月《文訊》386期）

我要偷聽你們，就當我不存在。
《月河三部曲》套書分享會側記

◆ **廖宏霖** 文字工作者

時　　間：2017年9月9日14:00～16:00
地　　點：紀州庵文學森林新館二樓
主 持 人：高嘉謙（台灣大學中文系副教授）
與談人：甘耀明（作家）
　　　　郭強生（東華大學英文系教授）
　　　　黃錦樹（暨南國際大學中文系教授）
　　　　駱以軍（作家）

死亡如胃

2017年9月22日，李永平逝世於台灣淡水馬偕醫院。然而，就在不到兩周前，9月9日，李永平才親自出席在紀州庵文學森林舉辦的《月河三部曲》套書分享會，那應該是他在公開場合最後的身影與發言，主辦單位還在現場安排了切蛋糕的慶生橋段，為9月出生的李永平祝壽，兩種層次的新生，現在想起來，頗有要與死亡抵抗，或者僅僅宣示著些我們還擁有些什麼的意味在。

13天，一段再平常不過的時間長度，死亡來到的時候，不是當天或是一兩天後，沒有某種戲劇性的產生，也不是先前病程所預示的幾個月或一年，甚至更久，久到能夠讓人回想起來，惋惜與祝福的心情好像可以比錯愕及悲傷的心情多一些。13天，就是一段足以使人掉以輕心的日子，一段猝不及防的時

光間隙，好像才剛慶祝了生之喜悅，切開鋪滿奶油的厚實蛋糕，眾人祝福的話音未落，甜而膩的蛋糕口感彷彿還在嘴裡，聲音與食物一起掉進身體更深之處，死亡如胃，早已在安靜且秘密地蠕動運作著。

一場獨特而深刻的生命協奏曲

李永平曾說過：「只要有心跳，就會有小說。」而心跳如果是一種生命的節奏，那麼9月9日的分享會，就是小說家生命的演奏會。主辦單位還特別邀請了另外四位小說家郭強生、黃錦樹、駱以軍、甘耀明，加上由這次策畫《月河三部曲》別冊《見山又是山》研究集的高嘉謙擔任主持人，透過談述每個人在不同時期所認識與理解的小說家的不同生命階段、身分與認同、文本與文學位置，交織出一場獨特而深刻的生命協奏曲。

先發言的是紀州庵館長、文訊雜誌社社長封德屏，在她眼中，李永平擁有一個巨大的創作靈魂，即便到了此刻，還是與他的病體奮鬥著，每天固定創作三到六個小時，讓她非常敬佩。不過，也許正是因為書寫和閱讀，讓人們的心靈得以靠近，藉此傳遞了某種生命的能量，李永平在最後這段難熬的日子裡，才是真正地以創作「維生」著。

接續在封德屏之後發言的是這次出版《月

2017年9月9日，李永平抱病親自出席在紀州庵文學森林舉辦的《月河三部曲》套書分享會。
左起：郭強生、高嘉謙、李永平、黃錦樹、駱以軍、甘耀明。（文訊文藝資料中心）

河三部曲》的麥田出版總編輯涂玉雲，她表示能夠出版這部套書，是作為出版工作者的榮幸，在她的認知裡，李永平就是一個為寫作而生的人，可以為了寫作浸淫在另一個世界之中，將整個人的精神都投入其中，讓人動容。主持人高嘉謙也補充道，這次的別冊《見山又是山》，其中為了將李永平的生平與經歷呈現得更完整，做了許多訪談與田調，增加了一些珍貴且關鍵的照片素材，都有賴麥田出版的全力支持，也因此才能夠讓這部套書，有別於一般「合輯」，更具與作者生命經歷相互交涉的連結性與可讀性。

我的寫作生命是一個cycle

就在這場分享會的兩個主辦單位分別致完

了詞，現場響起掌聲，原來是李永平坐著輪椅由旁人從後方推進場內，由於那陣子李永平的身體狀態起伏較大，這原本可能會是一場作者無法出席的分享會。但是如李永平所說，只要有心跳，就會有小說，這次也許要反過來說，只要有小說，李永平的心就會跟著跳動，他對於小說創作的迷戀與執著，讓他在病中依舊有浪子不羈的風采，抱病出席分享會。

李永平第一件事就提到，當時他在加護病房插管住了十天，從加護病房轉一般病房，拔掉管子，看見醫生，他問的第一句話是「我的腦力有受損嗎？」醫生說沒有，他開心極了，因為他還想繼續寫，寫那沒寫完的武俠小說。接著他細數自己創作生涯50年所

2017年9月9日，主辦單位特別為9月出生的李永平70歲生日慶生，孰料仍不敵病魔。（文訊文藝資料中心）

寫成的八部小說，從1966年的《婆羅洲之子》開始到2015年的《朱鴒書》，回顧創作的歷程，每一部小說在當時對他而言，都是各自獨立且懷有不同的寫作企圖，例如最受大眾歡迎的《吉陵春秋》，他自己本身在後來卻並不那麼喜歡，他說這本書不只在場景上，也在文字、人物上「造假」；《海東青》則讓他完全掉進一個自己也無法控制的文字迷宮裡，那也是他第一次在寫小說的過程中，覺得必須要「壯士斷腕」。

小說人物朱鴒的出現則像是一個救贖或契機，幾乎成為了貫串李永平後半期創作的一個重要象徵，她像是真的有生命一般，跟著李永平的創作一起成長，一直到最後一部出版的小說《朱鴒書》，這個在《朱鴒漫遊仙境》還是小學二年級的小女孩，長成了12歲的青少女，還被作者從台北西門町，一下丟進婆羅洲砂勞越，成為了名符其實的「婆羅洲之女」。回顧這八部小說，從「婆羅洲之子」寫到「婆羅洲之女」，李永平說他也是這兩年才驚覺，這些看似各自獨立的創作，構連成一個循環體系，像是一個cycle，在這之中，他生命中最重要的幾個主題因此也愈加清晰。

美好的一仗我們打過

郭強生是場上唯一曾跟李永平在學院裡共事過的小說家，因此他說許多人只認識小說家李永平，但是他打從心底更敬佩的是作為老師的李永平。這個故事要從2000年開始談

起，那時的郭強生剛從美國拿到博士學位返回台灣，結束國外的求學生涯，另一方面李永平則是結束專職作家的生活，兩人同受時任東華大學文學院院長的楊牧之邀，一起來到花蓮教書，郭強生與李永平被賦予的任務很明確，就是要把創作與英美文學研究所辦好。

當時的創英所可以說是全亞洲第一個，以創作作為畢業論文的研究所，郭強生與李永平在初期，花費了許多心神，想為這個獨特的研究所，找到一個適合的發展方向。他們不約而同地認為一個好的寫作者必須保持對語言的興趣，創英所以閱讀為主，將閱讀視為創作的一部分，引導學生閱讀不同文本的能力，希望學生能夠看見世界上不同國家、不同語言、不同文化，乃至於不同時代的文本，畢竟想要向世界發聲，你必須要先看懂世界。在語言上要求，也在閱讀上要求，破除文字障、打開閱讀的視野，是當時創英所授課時的某種準繩。此外，他們也相當重視經營一種真誠討論彼此作品的風氣，而那正是當時比較缺乏的一種創作者互動的模式。因此，同學與老師，在課堂上都有義務去評論與回應，讓針對作品的討論能夠真正剝除文本以外的脈絡，聚焦在一個相對有建設性的平台上。

郭強生說李永平批改學生的作業，正好能夠展現創英所這種「真誠討論」的精神，滿滿的眉批，不是對有才華的人偏心，而是對所有的學生如此。在學院裡，李永平用他最寶貴的創作時間來教書，而且用對待小說創作一樣的用心來教書。郭強生也提到，李永平整個人所散發出的那種對於創作的正面能量，其實也間接影響了自己，在停筆13年後，他重新投入創作，所謂身教，大概就是這麼一回事。對他來說，李永平一直是最好的戰友，在創英所的回憶中，美好的一仗能夠與他一起奮鬥，絲毫沒有遺憾。

後來我們應該算和解了吧！

當小說家李永平遇見同樣來自馬來西亞的小說家黃錦樹，兩人對於「馬華文學」這個詞，在初始有著極不相同的態度，李永平早期甚至對於自己在文學定位上的認同與黃錦樹有不同的見解，黃錦樹不以為然地寫過文章批判過這件事，然而他也深知，要建構馬華文學的典律，李永平其人其作品是怎麼樣也無法跳過的。

因此作為文學研究者的黃錦樹，對於李永平的創作歷程，其實一直都保持一定程度的關心，他耳聞他帶著《資治通鑑》躲起來創作，覺得這件事像是傳奇一樣，他也注意著他每部作品出版之後，學界與讀者的反應，用他的話來說就是，當李永平在台灣文壇邊緣化的時候，也是他們這幾位同鄉不乏善意地持續評析他的作品。黃錦樹以《海東青》為例，50萬字的小說，沒有什麼故事與情節，市場反應很差，讀者可能也沒幾個？不過他卻認認真真地看完，寫了評述的文章，一直到現在，他都還認為《海東青》是李永平小說創作的高峰。

不過，黃錦樹也直言，自己對於李永平作品的關注，到了《大河盡頭》之後，就沒有像之前那樣熱衷，之後的《朱鴒書》他幾乎難以卒讀。對於在台馬華作家而言，「代表性」一直是一個困擾已久的問題，當你書寫台灣的時候，別人會認為你來台灣才幾年，當你回過頭去寫馬來西亞，你的此時此刻又不在那片土地上，這種雙重的不在場，是馬華文學作家時時刻刻要去面對的處境。不過也差不多在同一個時期稍晚，李永平得到了國家文藝獎，獲得國家的認同，成為台灣文學的一部分，這個關於代表性的焦慮似乎獲得了某種程度的消解。

此外，在別冊《見山又是山》裡，收錄有兩封李永平寫給黃錦樹的信，信中李永平文辭懇切地與黃錦樹討論文學，手寫的信，一筆一劃遒勁有力，留下了人的溫度，彷彿無論是什麼針鋒相對，或反駁，或解釋的話，看起來都柔軟許多。「後來我們應該算和解了吧！」黃錦樹當天如是說。

一字之恩，湧泉以報

駱以軍說自己其實是在三十幾歲時，認識了黃錦樹，才透過他理解「馬華」的複雜與難以言喻，而李永平對他來說，其實是在理解「何謂馬華？」之前，就以一種更純粹的文字形式與其相遇。那時候還在文化大學念文學的他，為了創作，培養了抄書的習慣，不過當時的文化氛圍使然，所抄寫的文本都是西方的經典，無論是文學的、哲學的都是國外的文本居多，有點像是一種很自然的「去中國」狀態。然而在眾多西方經典的抄寫經驗中，李永平的《吉陵春秋》是一個特例。

《吉陵春秋》是駱以軍父親的床頭書，駱以軍到現在都還記得書中李永平所使用的一種古老的中文語言，有點像是他後來所認識到的一些篆刻家、藝術家，例如吳昌碩、齊白石，那種對於字的癡迷，都有類似的追求。後來他歸納出了一個觀察：這些離散之人，都有一種「追古」的欲求，他們會去臨摹鐘鼎文、漢碑，迷戀一種更古老的時代的文字，這個過程就像是要把自己生命中所受到的傷害，藉由一個字一個字的精雕與深掘，走進文字的時光甬道，把傷害凝止在那個追古的過程之中。

駱以軍說，《吉陵春秋》在他當時所抄寫的作品中，就很接近那種對於東方古典之物的臨摹感，每一個文字打開一個很深的秘界，對於那個時候還很「西方」的他，這本書中的文字讓他可以感受到一種作者對於文字的瘋魔，帶領他看見像是文字墳場一般的景觀，讓那些照理說應該已經死亡的文字，重新在文本中活了起來。駱以軍進一步下了一個結論，他說中文小說文字中悠久的歷史性，那種久遠的空間感與時間感，是李永平老師用一種創作者的霸氣打開來，讓活在當代的人們得以接近與感受。然而一字之恩，湧泉以報，李永平留給台灣文學的何止一字。

充滿奇特想像的俠客傳奇

甘耀明是李永平在東華創英所的學生，對他來說，李永平是台灣文壇中，少數在翻譯、小說與教學，三種不同領域，表現都很傑出的人。談起在東華時與李永平的相處經驗，甘耀明描述那時的東華創英所就像是《哈利波特》小說中的霍格華茲學院，好像每個人都抱著要學習魔法或巫術的心情而來，同學與學長姐之中，總會有一些富有傳奇色彩的人物，比如舞鶴。不過，李永平作為老師，傳奇色彩在這所魔法學院裡可是一點都不遜色於他的學生們。

甘耀明提供了一則跑車傳奇：住在學校宿舍的李永平，原本都是騎著腳踏車來往宿舍與教室，俠客般地獨來獨往，某一學期，文學院停車場出現了一輛紅色跑車，原來是俠客李永平升級了！後來，這件事傳開來，關於跑車的傳奇被渲染得更加富有俠客精神。有人說，有一次李永平駕駛著他的紅色跑車奔馳在花蓮的台九線上，筆直的公路遠遠就看見有警察在臨檢，李永平可能開著車忘神了，沒有減速，一路通過臨檢區，警察也不在意，反倒是這位俠客也許心有所愧，特地在下個路口迴轉，只為了和警察說：「請你臨檢我。」

李永平雖然不是甘耀明畢業作品的指導

老師，不過卻是他的口試委員，甘耀明回想口試那天，李永平將他的作品讀得非常仔細通透，並且觀察到一些連他自己都沒有發現的，在寫作上值得繼續發展的特質。李永平在那場口試的建議，後來促使甘耀明重新書寫構思已經進行到一半的《殺鬼》，推翻之前習慣的寫作方式，這本書也成為了他創作生涯中，極為關鍵的一本書。

上個月甘耀明與幾位文壇前輩一起去淡水探望李永平，那一天他發現窗前的桌上，放著一台望遠鏡，那扇窗據說可以看見對岸的八里，山水相映，也許就像他正在撰寫的武俠小說場景。李永平這位不羈俠客，最後未完成的小說遺作，主角正是一位「俠女」。

側記的後記：彷彿還能感受到他的心跳

大學的時候，印象中有個機會，專訪李老師，前因後果我都忘了，寫了什麼以及為何而寫都不復記憶。我只記得那陣子都活在《吉陵春秋》裡的萬福巷，一本小小的小說，我睡前看，上廁所也看，但就是看不進去，更不用說看得出裡面有什麼國族意識糾結、離散情感的指涉。最近試圖找回那份稿子，也不知流落何處。

訪談過程跟稿子應該也都是一塌糊塗、亂七八糟吧！不過，回想起來李老師可能是我第一位正式訪問的人物，我到現在還記得的都是一些片段的感覺，比如在走向他四樓研究室的時候，緊張到暗自希望他忘記這個邀約，沒想到研究室門敞開著（呃，竟然讓受訪者等是怎麼回事）；他說不要叫他馬華作家的那種嚴肅與激動神情（當時嚇到只想要趕快換話題）；談到一半他突然說他要去抽菸（應該是因為我問了一些無趣的問題，他需要提神一下），又或者是他看出了我的生澀與緊張，給了我一根菸的時間，讓我有時間重新整理結構想問的，該問的，以及可以

2017年1月，李永平離開南洋的最後身影。
（高嘉謙提供）

換個方式問的，後半的訪談感覺上有秩序了一點。我忘記那個青澀稚嫩尷尬又不專業的訪談最後是怎麼結束的，但我記得那一根菸的時間，還有李老師回來之後，研究室小小的空間中，那久久不散的濃重的菸味。

感謝《文訊》讓我有機會為李老師再寫一篇文章。這篇側記是後來我看著現場的錄影補寫而成，影片中的李老師非常地清瘦，說話時喘，不說話時也喘，聲量也不若往昔，不變的是他特殊的南洋口音，一種刻意用力的咬字，感覺得出來，穿上最喜歡的招牌紅色襯衫的他，對這場分享會期待已久。原本中場切完蛋糕，接受獻花之後，就要安排李老師先行離場休息，但他還想要盡可能再待久一些，他說：「我要偷聽你們，就當我不存在。」我想，這句話也像是對著此刻的我們說。

（原刊於2017年12月《文訊》386期）

家屬懷念輯

永遠的二哥

◆ **李淑華** 李永平大妹

1959年，李永平與弟弟、姊妹合影，前排為三個弟弟，後排左起：大妹李淑華、大姊、李永平。（李淑華提供）

悲慟欲絕的我，眸子飽含著淚水，凝視著病床上面容枯槁的二哥，哀戚的撫摸二哥的額頭：「二哥，放心走吧！爸爸媽媽在天上等著與你團聚。」淚花在二哥的眼角閃動著，呼吸緩緩的終止。時間彷彿凝固了。我

的二哥──李永平，在2017年9月22日下午2時52分永眠。

「妹妹，我看到天上的父母，就醒了。」三個月前，二哥做了切除大腸腫瘤手術，在加護病房甦醒後，聊起這件事。雙親護送二哥返回世間，我思索是要讓二哥完成他心心念念的〈新俠女圖〉。

「妹妹，我要為你寫一部小說。」二哥臥病了，牽掛的還是創作。當時，剛做了手術，二哥在病床上握筆疾書〈新俠女圖〉，另一部小說的腹稿已在心中醞釀，一旦〈新俠女圖〉完成，即著手這部小說。這份厚禮永遠……永遠……永遠……無法遞到我手中。

今年六月初，高嘉謙教授來電郵：二哥的大腸有腫瘤。不祥之感湧上心頭，無勇氣詢問是否惡性，我選擇逃避。祈求癌症這個惡魔別再殘害我的家人。

風塵僕僕的從馬來西亞趕至台北。李有成教授已在機場等候我們。詢問李教授，不出所料是末期大腸癌。天哪！此厄運何時才會終止摧殘我們這一家？大腸癌奪走媽媽、舅舅和姨媽的性命，我們這一代何其不幸又遭受此厄運！蒼天啊！這令人痛心疾首的癌魔何時才會停手蹂躪我們？

急匆匆趕至振興醫院，在急診病房裡，身材魁梧的二哥，竟成了紙片人。「二哥，妹

妹來看你了。」二哥雙眼微張，摟著我，痛哭失聲。

二哥隨後轉至台大醫院進行切除腫瘤手術，是風險極大的手術。耗時四個多小時的手術，令我焦灼不安。手術進行中，醫生要見家屬。醫生把桌上的藍布包裹解開。天哪！是二哥的腫瘤，多大的一坨，大約寬18釐米，層層疊疊大小不一的腫瘤5釐米厚。眼皮底下的腫瘤令我渾身震顫，思緒紛亂。醫生估計七、八年了。無怪乎二哥被折磨至瘦骨嶙峋，此等痛苦非我們所能領會。那腫瘤一直在腦海裡閃爍，直到封德屏社長和李有成教授到來等候手術結束，我才驚魂稍定，感覺自己並不孤單。

2017年9月25日，李永平弟弟、妹妹遵其遺願，舉行海葬，出發前合影。（文訊文藝資料中心）

二哥出院前，我整理了他在淡水的公寓：購置傢俱、安裝燈泡、修整空調機和水龍頭，讓二哥能舒服的靜養。安頓了二哥，我來台灣一個月的簽證期滿，必須返回馬來西亞。

9月18日，高嘉謙教授來簡訊：二哥病危。

9月19日，從古晉抵達沙巴亞庇機場轉機台北。

9月20日，上午抵達桃園機場，速奔淡水馬偕醫院。

我被告知加護病房裡的二哥已全無意識。病床上的二哥插滿管子，面容枯槁，昔日的帥氣瀟灑已不復存在，悲慟之情撲面而來。我輕輕呼喚：「二哥，妹妹來了，來看你了。」二哥的眼神呆滯，毫無反應。我一遍一遍不斷的呼喚，二哥雙眼淚水湧出，緩緩的向我望過來。淚眼婆娑的我，握著二哥的手，感覺二哥輕微的握了握我的手。

「二哥，你在台大醫院做了手術，不能說話，我們用猜一猜交談。現在我來猜猜你要和我說的話。」二哥轉動眼珠子，張目注視天花板。

「是不是你病了，我沒有陪伴你？」二哥雙肩顫動，激動不已，淚湧如泉，淚汪汪的瞅著我。我的心一陣的激痛，握緊二哥的手。

「二哥，我現在來了。」看著傷心飲泣的二哥，淚漣漣的我，是多麼無助。

「二哥，我不回古晉了，我留在台灣照顧你。」二哥雙腳急劇的抖動，身子顫抖，浸滿淚水的眼眶，因痛哭而皺成一團。

我輕柔的撫摸二哥的額頭：「二哥，我們在台大醫院約定，你康復後，我接你回古晉，我照顧你。」二哥睜大雙眼，盯著天花板，笑了，嘴型「好」。

兄妹倆的心靈交融了。我猜對了，他就注視著天花板；我猜錯了，他就瞅著我；我猜到他的傷心處，他哭了；我猜不到時，他露出焦急的神色，哭了。真希望時間永遠停留在這一刻，二哥是有意識的。

我滿懷期望這是奇跡，二哥會熬過此危難。但，這是兄妹倆最後的對話。

二哥，你天生是浪子，為你舉行海葬，圓了你的心願，你雲遊四方吧！別忘了我在家鄉，你離家50年的古晉等著你歸來。

（原刊於2017年12月《文訊》386期）

1993年李永平攝於東吳大學教室。
（高嘉謙提供）

資料輯

李永平文學繫年

◆ 高嘉謙輯錄

1947　9月15日，出生於英屬婆羅洲砂勞越邦古晉市。

1966　中學畢業。

　　　《婆羅洲之子》獲婆羅洲文化局第三屆徵文比賽首獎。

　　　在古晉的華文小學教書，後在古晉聖路加中學（St. Lucas High School）擔任華文教師。

1967　從聖路加中學離職，9月負笈台灣，就讀國立台灣大學外文系。

1968　6月12日，發表〈土婦的血〉於《大學新聞》第245期，是第一篇在台灣正式發表的作品。後改題〈拉子婦〉發表於《大學雜誌》第11期（1968年11月）。

　　　8月，出版《婆羅洲之子》（古晉：婆羅洲文化局）。

1971　台大外文系畢業，留系擔任助教。

1972　6月，發表〈田露露〉於《中外文學》第1卷第1期。

　　　10月，加入《中外文學》雜誌編輯群。

1973　7月，擔任《中外文學》執行編輯。

1975　〈拉子婦〉譯成英文，收入齊邦媛主編《中國現代文學選集2》（*An Anthology of Contemporary Chinese Literature Taiwan: 1949-1974, Vol. 2. Short Stories*）。

1976　8月，出版《拉子婦》（台北：華新出版社）。

　　　赴美就讀美國紐約州立大學奧伯尼（Albany）分校英文系。

1978　5月21-22日，發表〈吉陵記之一：歸來〉於《聯合報・副刊》第12版。

　　　7月27-28日，發表〈吉陵記之二：萬福巷裡〉於《聯合報・副刊》第12版，原題收入《吉陵春秋》。

　　　11月4-5日，發表〈吉陵記之二：日頭雨〉於《聯合報・副刊》第12版，原題收入《吉陵春秋》。

　　　〈歸來〉獲第三屆聯合報小說獎佳作獎。後改寫成〈蛇雛〉收入《吉陵春秋》。

　　　獲美國紐約州立大學比較文學碩士。

1979　7月20日，發表〈白癡記〉於《聯合報・副刊》第8版。後改寫成〈赤天謠〉收入《吉陵春秋》。

　　　9月16日，〈日頭雨〉獲第四屆聯合報小說獎第一獎。

1980　4月13-14日，發表〈散花〉於《聯合報・副刊》第8版。後改寫成〈人世風情〉收入《吉陵春秋》。

　　　6月9日，發表〈欲窮千里目——我對聯合報小說獎的期望　建立評審權威〉於《聯合報・副刊》第8版。

　　　10月19-20日，發表〈燈〉於《聯合報・副刊》第8版。原題收入《吉陵春秋》。

1982　獲美國聖路易華盛頓大學比較文學博士。

　　　8月5-6日，發表〈十一他娘〉於《聯合報・副刊》第8版。後改寫成〈十一這個娘〉收入《吉陵春秋》。

返台任教於國立中山大學外文系。

1983 　8月29-30日，發表〈荒城之夜——「吉陵春秋」之七〉於《聯合報・副刊》第8版。原題收入《吉陵春秋》。

1984 　3月18-19日，發表〈好一片春雨——「吉陵春秋」之九〉於《聯合報・副刊》第8版。原題收入《吉陵春秋》。

　8月14日，發表〈大水——「吉陵春秋」之十〉於《聯合報・副刊》第8版。原題收入《吉陵春秋》。

　11月1日，發表〈思念——「吉陵春秋」之十一〉於《聯合報・副刊》第8版。原題收入《吉陵春秋》。

1985 　2月26日，發表〈滿天花雨——「吉陵春秋」完結篇〉於《聯合報・副刊》第8版。原題收入《吉陵春秋》。

1986 　4月，出版《吉陵春秋》（台北：洪範書店）。

　10月，《吉陵春秋》獲第九屆時報文學獎小說推薦獎。

　任《美國新聞與世界報導》中文版翻譯。

1987 　7月，聯合文學出版社資助李永平寫作《海東青：臺北的一則寓言》兩年，覓一安靜居所，每月給予一萬元生活費。

　辭去中山大學外文系教職。

1988 　1月2日，發表（劍氣簫心——梁羽生作品的悲劇美感）於《中央日報》第18版。

　6月26日，發表〈閱微草堂筆記：一本常常浮現腦際的書〉於《聯合晚報》第8版。

　〈拉子婦〉譯成馬來文（陳妙華譯），收入楊貴誼編《這一代：馬華小說選譯（一）》（*Angkatan Ini: Cerpen Pilihan Sastera Mahua*）。

1989 　8月1-12日、9月1-2日，發表〈海東青〉於《聯合報・副刊》第27版。

　9月3-9日，發表〈海東青〉第二章於《聯合報・副刊》第27版。

　10月1日，發表〈海東青〉第三章「秋光滿京」（上篇）於《聯合報・副刊》第25版。

　10月2-5日，發表〈海東青〉第三章「秋光滿京」（上篇）於《聯合報・副刊》第29版。

　10月6日，發表〈海東青〉第三章「秋光滿京」（上篇）於《聯合報・副刊》第25版。

　10月7-8日，發表〈海東青〉第三章「秋光滿京」（上篇）於《聯合報・副刊》第29版。

　11月1-2日、4-10日，發表〈海東青〉第三章「秋光滿京」（下篇）於《聯合報・副刊》第29版。

　11月3日，發表〈海東青〉第三章「秋光滿京」（下篇）於《聯合報・副刊》第25版。

　12月2日、4-7日、10日、12-17日、19日、21-23日，發表〈海東青〉第四章「蒙古冷氣團源源南下」於《聯合報・副刊》第29版。

　12月3日，發表〈看東海〉第四章「蒙古冷氣團源源南下」於《聯合報・副刊》第23版。

　12月8-9日、11日、18日、20日、24日，發表〈海東青〉第四章「蒙古冷氣團源源南下」於《聯合報・副刊》第25版。

1990 　1月8-17日、20日、22-23日，發表〈海東青〉第五章「焱」於《聯合報・副刊》第29版。

　1月18日，發表〈海東青〉第五章「焱」於《聯合報・副刊》第25版。

　1月21日，發表〈海東青〉第五章「焱」於《聯合報・副刊》第27版。

　2月4-9日、11-13日、15-23日，發表〈海東青〉第六章上篇「逍遙遊」於《聯合報・副刊》第29版。

　2月10日，發表〈海東青〉第六章上篇「逍遙遊」於《聯合報・副刊》第27版。

3月9-27日、29日，發表〈海東青〉第六章中篇「小紅町」於《聯合報・副刊》第29版。

3月28日，發表〈海東青〉第六章中篇「小紅町」於《聯合報・副刊》第35版。

9月4日，發表〈我受他的影響〉於《聯合報・副刊》第29版。

1992　1月24日，發表〈出埃及第四十年，我寫「海東青」〉於《聯合報・副刊》第25版。

1月，出版《海東青：臺北的一則寓言》（台北：聯合文學出版社）。

《海東青：臺北的一則寓言》獲《聯合報・讀書人》「最佳書獎」。

1994　6月4日，發表〈阿依達〉於《中國時報》第39版。

12月，發表〈帶著枷鎖起舞──簡評吳繼文《世紀末少年愛讀本》〉於《聯合文學》第146期。

1997　2月5日，發表〈我的年〉於《聯合報・副刊》第33版。

1998　5月，出版《朱鴒漫遊仙境》（台北：聯合文學出版社）。

7月，發表〈宿緣〉於《中外文學》第27卷第2期。

1999　8月11-15日，發表〈雨雪霏霏，四牡騑騑：尋找一個名叫朱鴒的小女孩〉於《聯合報・副刊》第37版。

12月27日，發表「迌迌集」〈初遇蔣公〉於《聯合報・副刊》第37版。

《吉陵春秋》被《亞洲週刊》遴選為「20世紀中文小說100強」。

2000　任教於國立東華大學創作與英美文學研究所。

3月16日，發表「迌迌集」〈桑妮亞〉於《聯合報・副刊》第37版。

6月8-11日，發表「迌迌集」〈第一顆石頭〉於《聯合報・副刊》第37版。

10月18日，發表〈評審意見如聽台灣歌謠〉於《聯合報・副刊》第37版。

2001　1月7-9日，發表「迌迌集」之五〈翠堤小妹子〉於《聯合報・副刊》第37版。

5月24-29日，發表「迌迌集」之六〈支那〉於《聯合報・副刊》第37版。

10月12日，發表〈台灣文學界談奈波爾，當代的英文文體大師〉於《聯合報・諾貝爾文學獎特刊》第23版。

12月27-31日，發表「迌迌集」之七〈一個游擊隊員的死〉於《聯合報・副刊》第37版。

2002　1月1日，發表「迌迌集」之七〈一個游擊隊員的死〉於《聯合報・副刊》第37版。

5月23-25日，發表「迌迌集」之八〈司徒瑪麗〉於《聯合報・副刊》第39版。

9月23日-10月1日、10月3-5日，發表〈望鄉〉於《聯合報・副刊》第39版。

9月，出版《月河三部曲》之一《雨雪霏霏：婆羅洲童年記事》（台北：天下遠見出版公司）。

《雨雪霏霏》獲《聯合報・讀書人》「最佳書獎」。

《雨雪霏霏》獲《中央日報・出版與閱讀》「中文創作類十大好書」。

獲東華大學人文社會科學學院頒發教學特優獎。

2003　7月19-21日，發表〈文字因緣〉於《聯合報・副刊》E7版。

8月，出版《迌迌：李永平自選集1968-2002》（台北：麥田出版）。

《吉陵春秋》翻譯成英文（*Retribution: The Jiling Chronicles*），由美國哥倫比亞大學出版。

2004　5月，發表〈憧憬〉於《文訊》第223期。

〈圍城的母親〉譯成馬來文（莊華興譯），收入朱培新、嚴文燦編《夢過瀘台：馬華小說選譯（四）》（*Impian Di Pelabuhan: Antologi Cerpen Mahua IV*）。

2006　3月，《海東青：臺北的一則寓言》再版。

2008　6月，發表〈招魂，朱鴒，歸來！〉於《印刻文學生活誌》第4卷第10期。

8月，出版《月河三部曲》之二《大河盡頭（上卷：溯流）》（台北：麥田出版）。

《大河盡頭（上卷：溯流）》獲《中國時報・開卷》「年度十大好書・中文創作」、《亞洲週刊》全球十大中文小說。

2009　退休，受聘為東華大學榮譽教授。

2010　6月，《朱鴒漫遊仙境》再版。

9月6-7日，發表〈天河抄〉於《自由時報・副刊》D11版。

9月，出版《月河三部曲》之二《大河盡頭（下卷：山）》（台北：麥田出版）。

11月，《吉陵春秋》翻譯成日文（《吉陵鎮ものがたり》），由人文書院出版。

《大河盡頭（下卷：山）》獲《亞洲週刊》全球十大中文小說。

《大河盡頭（上卷：溯流）》獲第三屆「紅樓夢獎：世界華文長篇小說獎」專家推薦獎。

2011　3月5日，發表年度小說獎得主感言〈見山又是山〉於《聯合報・副刊》D3版。以〈大河盡頭〉獲郭強生主編《99年小說選》（台北：九歌出版社）年度小說獎。

9月，「李永平與臺灣／馬華書寫——第二屆空間與文學國際學術研討會」於台大文學院演講廳舉行。

《大河盡頭（下卷：山）》獲台北國際書展大獎「小說類」、第35屆金鼎獎圖書類文學獎。

2012　4月，中國上海人民出版社／世紀文景出版簡體字版《大河盡頭（上卷：溯流）》、《大河盡頭（下卷：山）》。李永平小說正式在中國大陸出版。

〈拉子婦〉選入馬來西亞華文獨立中學《高一華文》下冊。

2013　1月，中國上海人民出版社／世紀文景出版《吉陵春秋》。

11月，《雨雪霏霏》修訂再版（台北：麥田出版）。

2014　7月，中國上海人民出版社／世紀文景出版《雨雪霏霏：婆羅洲童年記事》。

11月，《大河盡頭（上、下卷）》獲第三屆「中山杯華僑華人文學獎」評委會大獎，為親自領獎，首次赴中國大陸，參加「世界華語文學座談會」。

2015　8月，出版《月河三部曲》之三《朱鴒書》（台北：麥田出版）。

12月，獲第19屆國家文藝獎。

〈望鄉〉譯成韓文，收入《魚骸：馬華小說選》（高韻璿、高慧琳等譯，首爾：知萬知）。

2016　3月25日，參加第19屆國家文藝獎頒獎典禮。

9月，獲聘新加坡南洋理工大學駐校作家。

11月15日，獲頒第11屆台大傑出校友獎。

12月11日，獲頒第六屆全球華文文學星雲獎貢獻獎。

《朱鴒書》獲第40屆金鼎獎圖書類文學獎。

2017　8月-12月，武俠小說〈新俠女圖〉於《文訊》連載至第十四回，未完遺作。

9月9日，《月河三部曲》由麥田重新製作再版，舉辦套書分享會，另編輯出版《見山又是山——李永平研究》。

9月22日，病逝淡水馬偕醫院。

9月24日，舉行告別式。

9月25日，海葬於淡水外海。

12月10日，舉辦「李永平追思紀念會暨文學展」。

李永平作品目錄及提要

◆ 高嘉謙、賴志豪輯錄

婆羅洲之子
古晉：婆羅洲文化局
1968年8月，32開，79頁
中篇小說。故事敘述一名半華人、半原住民的青年，在原住民社群當中思索及定位自身的身分認同。在經歷了許多不公平待遇後，最終因一場水患，種族隔閡被人類的溫情所超越，故事也完滿結束。此書是婆羅洲文化局第三屆徵文比賽首獎作品的集結出版。書出版之際，李永平已赴台灣升學。

拉子婦
台北：華新出版公司
1976年8月，32開，170頁
桂冠當代叢書1
短篇小說集。全書收錄〈拉子婦〉、〈支那人──圍城的母親〉、〈支那人──胡姬〉、〈黑鴉與太陽〉、〈田露露〉、〈老人與小碧〉、〈死城〉共6篇。

吉陵春秋
台北：洪範書店
1986年4月，32開，312頁
洪範文學叢書158

上海：上海人民出版社
2013年1月，25開，221頁
短篇小說集。本書從吉陵鎮萬福巷的一名女子長笙被辱自盡後開展故事。全書內容環環相扣，透過不同視角將故事情節逐漸補齊與昇華。全書分四卷，每卷三篇，共12篇。卷一「白衣」收錄〈萬福巷裡〉、〈日頭雨〉、〈赤天謠〉。卷二「空門」收錄〈人世風情〉、〈燈〉、〈十一這個娘〉。卷三「天荒」收錄〈蛇饟〉、〈好一片春雨〉、〈荒城之夜〉。卷四「花雨」收錄〈大水〉、〈思念〉、〈滿天花雨〉。正文前有余光中序〈十二瓣的觀音蓮〉。
2013年的簡體字版未收錄余光中序，增添李永平序〈一本小說的因果〉。

海東青：臺北的一則寓言
台北：聯合文學出版社
1992年1月，25開，941頁
2006年3月，25開，941頁
聯合文叢042
長篇小說。全書五十餘萬言，共分15章，各章自成一格，而又環環相扣。本書以主角靳五為主，以大學教授／遊蕩者的身分在鯤京（即台北）的街頭迆迆，勾勒出解嚴前後的台北地理圖誌。正文前有李永平序〈出埃及第四十年〉。
2006年新版未收錄原序，改而增添李永平〈再版序〉，講述自身寫作與出版的心路歷程。

朱鴒漫遊仙境
台北：聯合文學出版社
1998年5月，25開，420頁
聯合文叢164

台北：聯合文學出版社
2010年6月，25開，427頁
聯合文叢541
長篇小說。本書主要講述主角朱鴒與六個同學漫遊台北的故事，透過一雙雙純真童稚的視角，觀覽都會中的千樣繁華，以及其中的憂鬱與醜惡。
2010年新版為聯合文學所出版的「經典版」，增添李永平經典版序〈永遠的八歲〉，其中強調一字不易，甚至不改動舊版的任何一個標點符號。正文後增添郭強生的評論〈雙重的鄉愁〉。

雨雪霏霏：婆羅洲童年紀事
台北：天下遠見出版公司
2002年9月，25開，261頁
風華館017

台北：麥田出版
2013年11月，25開，254頁
李永平作品集03

上海：上海人民出版社
2014年7月，25開，195頁
長篇小說。故事從敘事者「我」與朱鴒的相遇開始，兩者皆為在外遊蕩的浪子，「我」將朱鴒作為對故鄉婆羅洲諸多回憶的抒發對象，道出了自身的過往。正文前有齊邦媛序〈《雨雪霏霏》與馬華文學圖像〉。
2013年全新修訂版去掉副標，未收錄齊邦媛序及〈尾聲〉；另在正文前增添了三篇序，分別為王德威〈原罪與原鄉——李永平《雨雪霏霏》〉、李永平〈寫在《雨雪霏霏》（修訂版）卷前〉及〈附錄：河流之語——《雨雪霏霏》大陸版序〉。
2014年簡體字版未收錄李永平〈寫在《雨雪霏霏》（修訂版）卷前〉。

迌迌：李永平自選集1968-2002
台北：麥田出版
2003年8月，25開，414頁
想像台灣03

短篇小說集。收錄自《拉子婦》至《雨雪霏霏》的一些短篇小說或章節。全書共分五輯，第一輯收錄《拉子婦》中的〈拉子婦〉、〈圍城的母親〉與〈黑鴉與太陽〉。第二輯收錄《吉陵春秋》中的〈萬福巷裡〉與〈日頭雨〉。第三輯收錄《海東青》中的〈一爐春火〉。第四輯收錄《朱鴒漫遊仙境》中的〈七蓬飛颺的髮絲〉。第五輯收錄《雨雪霏霏》中的〈望鄉〉。正文前有王德威序〈原鄉想像，浪子文學〉、李永平自序〈文字因緣——《迌迌》〉。正文後有陳瓊如的評論〈從一個島到另一個島〉，以及胡金倫、高嘉謙編輯的〈李永平小說評論與訪談索引〉。

大河盡頭（上卷：溯流）
台北：麥田出版
2008年8月，25開，463頁
當代小說家Ⅱ・麥田文學219

台北：麥田出版
2010年9月，25開，464頁
李永平作品集01

上海：上海人民出版社
2012年4月，25開，339頁

長篇小說。本書上接《雨雪霏霏》的敘事者「我」，因緣際會下伴隨一群歐美人士在婆羅洲第一大河卡布雅斯河逆流而上，直抵婆羅洲原住民達雅克人的聖山「峇都帝坂」，從此開展出一幕幕鄉野神話傳奇，與熱帶雨林的故事。正文前有王德威序論〈大河的盡頭，就是源頭〉。

2012年簡體字版增添李永平序〈致「祖國讀者」〉，主要探討「祖國」的概念，以及介紹婆羅洲與小說情節。因應美學要求，李永平對此版本做了局部文字的最新修訂。

大河盡頭（下卷：山）
台北：麥田出版
2010年9月，25開，535頁
李永平作品集02

上海：上海人民出版社
2012年4月，25開，395頁

長篇小說。本書從永和克莉絲汀娜的世外桃源肯雅族部落之旅開始，描寫他們航向聖山時所遭遇到的一連串不可思議的奇遇。正文前有王德威序論〈婆羅洲的「魔山」〉、李永平序〈問朱鴒：緣是何物？〉。正文後有兩篇附錄，分別為〈李永平小說年表〉、〈李永平小說評論／訪談索引〉。
2012年簡體字版未收錄〈李永平小說評論／訪談索引〉。因應美學要求，李永平對此版本做了局部文字的最新修訂。

朱鴒書
台北：麥田出版
2015年7月，25開，789頁
李永平作品集04

長篇小說。本書承繼《朱鴒漫遊仙境》與《雨雪霏霏》，將12歲的朱鴒帶到婆羅洲內陸。故事透過朱鴒的視角，開展出婆羅洲雨林中的冒險，帶出一個壯美、怪誕、充滿婆羅洲本土妖怪的世界。正文前有李永平自序〈向高畑勳與宮崎駿致敬〉，正文後有李永平全書跋〈《月河三部曲》誕生了〉。

月河三部曲
台北：麥田出版
2017年9月，25開，共4冊

為李永平「婆羅洲書寫」主題系列的重新正名和集結，套書收錄《雨雪霏霏》、《大河盡頭（上卷：溯流）》、《大河盡頭（下卷：山）》、《朱鴒書》。其中《雨雪霏霏》乃根據之前的修訂版，《大河盡頭（上卷：溯流）》、《大河盡頭（下卷：山）》則以作者在大陸版的最新修訂為準，《朱鴒書》與原版相同。套書同時收錄高嘉謙編《見山又是山》，是第一本李永平研究專著，收錄了有關李永平的重要論述，以及近年重要的訪談、傳記資料、創作年表，與首次曝光的手稿、書信及照片等。

李永平作品外譯目錄

◆ 高嘉謙、賴志豪輯錄

1. "A La-tzu Woman." Trans. James Fu. In Chi Pang-yuan et al., eds., *An Anthology of Contemporary Chinese Literature Taiwan: 1949-1974, Vol. 2. Short Stories*. Taipei: National Institute for Compilation and Translation (distributed by University of Washington Press), 1975, pp. 459-470.

   （〈拉子婦〉，James Fu譯，收入齊邦媛主編《中國現代文學選集2》，台北：國立編譯館，1975，頁459-470。）

2. "Rain from the Sun." Trans. Candice Pong and Robert Eno. In *The Chinese Pen* (Summer 1981), pp. 65-93.

   （〈日頭雨〉，龐雯、伊若白譯，《當代臺灣文學英譯》1981年夏季刊，頁65-93。）

3. "The Rain from the Sun." In Joseph S.M. Lau, ed., *The Unbroken Chain: An Anthology of Taiwan Fiction Since 1926*. Bloomington: Indiana University Press,1983, pp. 232-49.

4. "Perempuan Lakia." Terj. Chan Meow Wah. Dlm Kui Yee Yang, *Angkatan Ini: Cerpen Pilihan Sastera Mahua*. Kuala Lumpur: Dewan Bahasa dan Pustaka, 1988, hlm.30-45.

   （〈拉子婦〉，陳妙華譯，收入楊貴誼編《這一代：馬華小說選譯（一）》，吉隆坡：國家語文出版局，1988，頁30-45。）

5. "At Fortune's Way." Trans. Susan Wan Dooling and Micah David Rapaport. In Joseph Lau and Howard Goldblatt, eds., *Columbia Anthology of Modern Chinese Literature*. New York: Columbia University Press, 1995, pp. 326-348.

6. *Retribution: The Jiling Chronicles*. Trans. Howard Goldblatt and Sylvia Li-chun Lin. New York: Columbia University Press, 2003.

   （《吉陵春秋》，葛浩文、林麗君譯，紐約：哥倫比亞大學出版社，2003年9月，240頁。）

7. "Bonda dalam kepungan." Terj. Chong Fah Hing. Dlm Yuen Boon Chan dan Choo Puay Hin, *Antologi Cerpen Mahua IV: Impian di Pelabuhan*. Kuala Lumpur: Dewan Bahasa dan Pustaka, 2004, hlm. 241-265.

   （〈圍城的母親〉，莊華興譯，收入朱培新、嚴文燦編《夢過滄台：馬華小說選譯（四）》，吉隆坡：國家語文出版局，2004，頁241-265。）

8. 《吉陵鎮ものがたり》（台湾熱帯文学1），池上貞子（Sadako Ikegami）、及川茜（Akane Oikawa）譯，京都：人文書院，2010年11月，302頁。

9. 〈망향〉，지음 자：리융핑／옮김 자:고운선，《물고기 뼈：말레이시아 화인 소설선》，출판사：지만지，2015。

   （〈望鄉〉，收入《魚骸：馬華小說選》，高韻璿、高慧琳等譯，首爾：知萬知，2015，頁159-240。）

李永平譯作目錄

◆ 高嘉謙、賴志豪輯錄

1. 自然主義論（*Naturalism*）／李倫・傅思德（Lilian R. Furst）著，台北：黎明文化公司，1973年8月，32開，80頁。

2. 枯萎的玫瑰（*The Burnt Ones*）／派崔克・懷特（Patrick White）著，台北：華新出版公司，1974年4月，32開，251頁。（李永平等人譯）

3. 不准養貓的女人（*The Woman Who Wasn't Allowed to Keep Cats*）／派崔克・懷特（Patrick White）著，台北：華新出版公司，1974年4月，32開，251頁。（李永平等人譯）

4. 最後一場電影（*The Last Picture Show*）／賴瑞・麥莫齊（Larry McMurtry）著，台北：華新出版公司，1975年6月，32開，275頁。

5. 萬古雲霄一羽毛（*Jonathan Livingston Seagull*）／李察・巴哈（Richard Bach）著，台北：時報文化出版公司，1977年6月，32開，184頁。（李永平等人譯）

6. 曠野的聲音：一個美國婦人在澳洲沙漠的心靈之旅（*Mutant Message Down Under: A Woman's Journey into Dreamtime Australia*）／瑪洛・摩根（Marlo Morgan）著，台北：智庫文化公司，1994年12月，25開，265頁。

7. 石頭外公（*Roomates: My Grandfather's Story*）／麥克斯・艾柏（Max Apple）著，台北：智庫文化公司，1995年7月，25開，337頁。

8. 隨心所欲——探尋幽深聖潔的心靈境界（*Care of the Soul: A Guide for Cultivating Death and Sacredness in Everyday Life*）／湯瑪斯・摩爾（Thomas Moore）著，台北：智庫文化公司，1995年11月，25開，280頁。

9. 聖境預言書——邁向生命新境界的起點（*The Celestine Prophecy: An Adventure*）／詹姆士・雷德非（James Redfield）著，台北：遠流出版公司，1995年11月，25開，407頁。

10. 紙牌的祕密（*The Solitaire Mystery*）／喬斯坦・賈德（Jostein Gaarder）著，台北：智庫文化公司，

  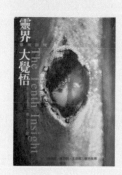 

1996年10月，25開，396頁。

11. 阿嬤遊美國（*Aama in America: A Pilgrimage of the Heart*）／布洛登・柯本（Broughton Coburn）著，台北：智庫文化公司，1996年4月，25開，391頁。

12. 歡喜活力——精力無限的完全身心計畫（*Boundless Energy: The Complete Mind/Body Program for Overcoming Chronic Fatigue*）／狄巴克・喬布拉（Deepak Chopra）著，台北：智庫文化公司，1996年6月，25開，180頁。

13. 雁爸爸——帶領雁群遷徙的真實故事（*Father Goose*）／威廉・李施曼（William Lishman）著，台北：智庫文化公司，1996年12月，25開，222頁。

14. 探尋索企業靈魂——打造組織中的人性理想國（*The Quest for the Corporate Soul*）／艾爾伯・庫普曼（Albert Koopman）、李・約翰生（Lee Johnson）著，台北：遠流出版公司，1997年8月，25開，250頁。

15. 靈界大覺悟——掌握直覺的新精神世界觀（*The Tenth Insight: Holding the Vision*）／詹姆斯・雷德非（James Redfield）著，台北：遠流出版公司，1997年3月，25開，362頁。

16. 上帝的指紋（*Fingerprints of the Gods*）（上、下）／葛瑞姆·漢卡克（Graham Hancock）著，台北：台灣先智出版公司，1997年10月，25開，792頁。

17. 北國靈山（*Entering the Circle: The Secrets of Ancient Siberian Wisdom Discovered by a Russian Psychiatrist*）／奧嘉·卡麗迪蒂（Olga Kharitidi）著，台北：智庫文化公司，1997年10月，25開，302頁。

18. 曠野之歌（*Mutant Message from Forever: A Novel of Aboriginal Wisdom*□□□□□□□Marlo Morgan）著，台北：雙月書屋，1998年11月，25開，376頁。

19. 我是艾美麗，曾經（*I Was Amelia Earhart*）／珍·孟德蓀（Jane Mendelsohn）著，台北：雙月書屋，1998年1月，25開，184頁。

20. 天使走過人間——生與死的回憶錄（*The Wheel of Life: A Memoir of Living and Dying*）／伊莉麗莎白·庫伯勒-羅斯（Elisabeth Kubler-Ross）著，台北：天下遠見出版公司，1998年6月，25開，354頁。

21. 拍賣蘇富比（*Sotheby's Inside Story*）／彼得·華特森（Peter Watson）著，台北：新新聞文化公司，1998年10月，25開，371頁。

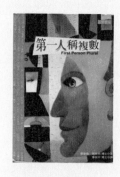

22. 走過興都庫什山（*A Short Walk in the Hindu Kush*）／艾瑞克・紐比（Eric Newby）著，台北：馬可孛羅文化公司，1998年8月，25開，391頁。

23. 聖境新世界——落實新心靈覺知的蛻變之旅（*The Celestine Vision: Living the New Spiritual Awareness*）／詹姆斯・雷德非（James Redfield）著，台北：遠流出版公司，1999年8月，25開，307頁。

24. 大自然在唱歌（*The Singing Wilderness*）／西格德・奧爾森（Sigurd F. Olson）著，台北：先覺出版公司，1999年7月，25開，246頁。

25. 大河灣（*A Bend in the River*）／奈波爾（V.S. Naipaul）著，台北：天下遠見出版公司，1999年4月，25開，379頁。

26. 幽黯國度——記憶與現實交錯的印度之旅（*An Area of Darkness: A Discovery of India*）／奈波爾（V.S. Naipaul）著，台北：馬可孛羅文化公司，2000年4月，25開，372頁。

27. 輓歌：寫給我的妻子艾瑞絲（*Elegy for Iris*）／約翰・貝禮（John Bayley）著，台北：天下遠見出版公司，2000年10月，25開，291頁。

28. 心靈請帖（*The Invitation*）／奧莉亞・山居夢客（Oriah Mountain Dreamer）著，台北：雙月書屋，2000年1月，25開，217頁。

29. 第一人稱複數（*First Person Plural: My Life as a Multiple*）／康麥倫・魏斯特（Cameron West）著，台北：希代出版公司，2000年6月，25開，433頁。

30. 道德劇（*Morality Play*）／巴瑞・安斯華（Barry Unsworth）著，台北：先覺出版公司，2000年10月，25開，281頁。

31. 盡得其妙——如何閱讀西方正典（*How to Read and Why*）／哈洛・卜倫（Harold Bloom）著，台北：時報文化出版公司，2002年9月，25開，416頁。（李永平等人譯）

32. 布魯克林的納善先生（*The Brooklyn Follies*）／保羅・奧斯特（Paul Auster）著，台北：天下遠見出版公司，2006年10月，25開，342頁。

李永平評論資料目錄

◆ 高嘉謙、劉雯慧、文訊編輯部

生平、作品評論專書與學位論文

專書

高嘉謙編，《見山又是山──李永平研究》，台北：麥田出版，2017年9月，351頁。

學位論文

黃美儀，〈漫遊與女性的探索──李永平小說主題研究〉，台北：國立政治大學中國文學系碩士論文，
2004年1月。

蔣惠雯，〈魔幻現實主義與精神分析論在現代小說中的運用──以李永平小說構型為例〉，高雄：國立
高雄師範大學國文學系碩士論文，2004年7月。

梁慧芳，〈論李永平小說創作的三個時期〉，馬來西亞：拉曼大學中華研究院本科畢業論文，2006年5
月。

鄭琇方，〈溫柔與暴烈──論李永平小說中的恐怖意識〉，宜蘭：佛光人文社會學院文學系碩士論文，
2006年6月。

林家綺，〈華文文學中的離散主題：六七〇年代「台灣留學生文學」研究──以白先勇、張系國、李永
平為例〉，新竹：國立清華大學台灣文學研究所碩士論文，2008年1月。

詹閔旭，〈跨界地方認同政治──李永平小說（1968-1998）與台灣鄉土文學脈絡〉，新竹：國立清華大
學台灣文學研究所碩士論文，2008年7月。

陳建隆，〈落失的行旅者──重繪李永平的小說地圖〉，桃園：國立中央大學中國文學系碩士論文，
2008年。

李蘇梅，〈馬華旅台作家小說創作論〉，廣州：暨南大學碩士論文，2008年。

詹偉慶，〈李永平《朱鴒漫遊仙境》研究〉，彰化：國立彰化師範大學國文學系碩士論文，2009年7月。

潘麗玲，〈李永平小說中的原鄉想像研究〉，台北：國立台北教育大學中國語文學系碩士班碩士論文，
2009年7月。

謝佩瑤，〈馬華離散文學研究──以溫瑞安、李永平、林幸謙及黃錦樹為研究對象〉，馬來西亞：拉曼
大學碩士論文，2011年8月。

蕭敏嘉，〈原鄉、罪惡與女性──李永平小說研究〉，台北：世新大學中國文學研究所碩士論文，2012
年。

張馨函，〈馬華旅台作家的原鄉書寫研究（1976-2010）〉，台北：國立台北大學碩士論文，2012年。

王淼，〈哀悼失落的純真──李永平小說（1968-2012）研究〉，長春：吉林大學文藝學碩士論文，2013
年5月。

陶磊，〈大河、旅行、性與身份認同──《大河盡頭》和《情人》的比較研究〉，杭州：浙江大學比較

文學與世界文學碩士論文，2013年5月。

李宣春，〈李永平婆羅洲書寫研究〉，桃園：國立中央大學中國文學研究所碩士論文，2013年。

張俠，〈《吉陵春秋》中的華人形象與中華文化研究〉，湖北：華中師範大學比較文學與世界文學碩士論文，2014年4月。

鄒秀子，〈「原鄉」書寫與糾葛——李永平小説論〉，廣東：暨南大學中國現當代文學碩士論文，2014年5月。

陳思菁，〈李永平《拉子婦》研究〉，台中：國立中興大學台灣文學與跨國文化研究所碩士論文，2017年。

作家生平資料篇目

自述

李永平，〈二版自序〉[1]，《吉陵春秋》，台北：洪範書店，1986年4月，頁Ⅰ-Ⅱ。

李永平，〈我受他的影響〉，《聯合報》第29版，1990年9月4日。

李永平，〈出埃及第四十年——我寫「海東青」〉，《聯合報》第25版，1992年1月24日。

李永平，〈出埃及第四十年——《海東青》序〉，《海東青》，台北：聯合文學出版社，1992年1月，頁1-5。

李永平，〈帶著枷鎖起舞——簡評吳繼文《世紀末少年愛讀本》〉，《聯合文學》第146期，1996年12月。

李永平，〈宿緣〉，《中外文學》第27卷第2期，1998年7月，頁109-111。

李永平，〈文字因緣（上）〉，《聯合報》第E7版，2003年7月19日。

李永平，〈文字因緣（中）〉，《聯合報》第E7版，2003年7月20日。

李永平，〈文字因緣（下）〉，《聯合報》第E7版，2003年7月21日。

李永平，〈憧憬〉，《文訊》第223期，2004年5月，頁66。

李永平，〈招魂，朱鴒，歸來！〉，《印刻文學生活誌》第4卷第10期，2008年6月，頁184-192。

李永平，〈問朱鴒：緣是何物？〉[2]，《大河盡頭（下卷：山）》，台北：麥田出版，2010年9月，頁15-39。

李永平，〈致「祖國讀者」——《大河盡頭》簡體版序〉，《文景》總第84期，2012年3月，頁26-33。

李永平，〈一本小説的因果——《吉陵春秋》簡體版序〉，《吉陵春秋》，上海：上海人民出版社，2013年1月，頁1-10。

李永平，〈向高畑勳與宮崎駿致敬〉[3]，《朱鴒書》，台北：麥田出版，2015年7月，頁9-16。

李永平，〈我的故鄉，我如何講述〉，「馬華文學高峰會：李永平v.s.黎紫書」，馬來亞大學中文系主辦，2016年11月26日。李永平會上發言，鄧觀傑聽錄。收入高嘉謙編，《見山又是山——李永平研究》，台北：麥田出版，2017年9月，頁9-20。

他述

賴芳伶，〈作者簡介：李永平〉，《中國現代短篇小説選析2》，台北：長安出版社，1984年2月，頁919。

諸葛，〈李永平象徵手法寫台北〉，《聯合報》第23版，1988年3月10日。

景小佩，〈寫在「海東青」之前—給永平〉，《聯合報》第27版，1989年8月1-2日。收入高嘉謙編，

《見山又是山——李永平研究》，台北：麥田出版，2017年9月，頁294-302。

石新民，〈李永平：作者簡介〉，《台港小說鑑賞辭典》，北京：中央民族學院，1994年1月，頁597-598。

〔聯合文學〕，〈李永平：歲月〉，《聯合文學》第146期，1996年12月，頁14-15。

陳雅玲，〈文學奇兵逐鹿「新中原」〉，《台灣光華雜誌》第23卷第7期，1998年7月，頁100-107。

陳雅玲，〈台北的「異鄉人」——速寫李永平〉，《台灣光華雜誌》第23卷第7期，1998年7月，頁108-111。

竹青，〈李永平——寫作與翻譯兼顧〉，《中央日報》第22版，1998年12月31日。

胡金倫，〈異域的聲音——與王德威教授談馬華文學〉[4]，《中外文學》第29卷第4期，2000年9月，頁13。

張錦忠，〈海外存異己——馬華文學朝向「新興華文文學」理論的建立〉[5]，《中外文學》第29卷第4期，2000年9月，頁26。

應鳳凰，〈作者簡介：李永平〉，《現代小說讀本》，台北：揚智文化公司，2004年8月，頁310-311。

封德屏主編，《2007台灣作家作品目錄》〈李永平〉，台南：國立台灣文學館，2008年7月，頁282。

張錦忠，〈一位小說家中的小說家——李永平側寫〉，《東方日報》，2011年10月9日。收入《時光如此遙遠——隨筆馬華文學》，雪蘭莪：有人出版社，2015年5月，頁244-246。

陳宇昕，〈李永平要賦予武俠小說文學味〉，《聯合早報》，2016年10月24日。

林韋地，〈真醫生真文青——和李永平遊居鑾（上篇）〉，《中國報》，2017年2月28日。

林韋地，〈真醫生真文青——和李永平遊居鑾（下篇）〉，《中國報》，2017年3月7日。

訪談、對談

丘彥明，〈天涯喜傳訊——李永平訪問記〉，《聯合報》第8版，1979年9月17日。

封德屏，〈李永平答編者五問〉，《文訊月刊》第29期，1987年4月，頁123-127。收入陳幸蕙編，《七十五年文學批評選》，台北：爾雅出版社，1987年3月，頁153-176。

楊錦郁，〈紅塵內外——李永平與景小佩〉，《文訊》第35期，1988年4月，頁120-121。收入封德屏主編，《比翼雙飛——二十三對文學夫妻》，台北：文訊雜誌社，1988年7月，頁213-221。收入《嚴肅的遊戲——當代文藝訪談錄》，台北：三民書局，1994年2月，頁159-167。

邱妙津，〈李永平：我得把自己五花大綁之後才來寫政治〉，《新新聞周刊》第266期，1992年4月12-18日，頁66。

賴素鈴，〈朱鴒漫遊仙境，李永平顛覆童話〉，《民生報》第34版，1998年6月25日。後更名為〈顛覆神話——訪李永平談「朱鴒漫遊仙境」〉，《聯合文學》第166期，1998年8月，頁126-127。

陳維信，〈尋找朱鴒——訪小說家李永平〉，《聯合報》第41版，1998年8月3日。

孫梓評，〈真誠等於力量——訪問李永平先生〉，《文訊》第218期，2003年12月，頁94-97。

詹閔旭，〈大河的旅程——李永平談小說〉，《印刻文學生活誌》第58期，2008年6月，頁174-183。

伍燕翎、施慧敏訪問整理，〈我想用小說來洗滌人性中的罪惡——李永平訪談錄〉，《星洲日報》，2008年11月25日。

伍燕翎、施慧敏訪問整理，〈浪遊者——李永平訪談〉（上、下），《星洲日報·文藝春秋》，2009年3月14日、3月22日。收入《文景》總第84期，2012年3月，頁34-43。

香港文匯報訪問整理，〈李永平談《大河盡頭》：人終究要回家〉，《文匯報》，2011年5月9日。

李福瑩，〈李永平·艱苦而又辛酸地叫一聲「祖國」〉，《深圳晚報》，2012年6月10日。

姜妍，〈人生不外一個「緣」字〉，《新京報》，2012年5月19日。收入高嘉謙編，《見山又是山——李永平研究》，台北：麥田出版，2017年9月，頁279-288。

廣州日報訪問整理，〈對話李永平〉，《廣州日報》第B16版，2012年6月30日。

丁楊，〈用中文寫作是種享受〉，《中華讀書報》第11版，2012年7月4日。

田志凌，〈我的中國，從唐詩宋詞中來〉，《南方都市報》，2012年9月23日。

韓見，〈最大的夢想是寫一部武俠小說，由李安拍成電影〉，《外灘畫報》，2013年1月21日。

楊青，〈馬華作家李永平攜絕版二十年名作《吉陵春秋》進入大陸讀者視野〉，《深圳商報》，2013年1月28日。

師文靜，〈寫作讓我陳述對世界的看法〉，《齊魯晚報》，2013年3月26日。

詹閔旭，〈與文字結緣——李永平談寫作路〉，《人社東華》，2016年5月5日。

孫梓評，〈這世界本來是美麗的——李永平談《朱鴒書》〉，《自由時報》，2015年9月22日。收入高嘉謙編，《見山又是山——李永平研究》，台北：麥田出版，2017年9月，頁289-293。

高嘉謙，〈迷路在文學原鄉——李永平訪談〉，《文訊》第373期，2016年11月。收入高嘉謙編，《見山又是山——李永平研究》，台北：麥田出版，2017年9月，頁264-278。

王潤華、許通元、黃佳麗訪問整理，〈從婆羅洲到北台灣——李永平的文學行旅〉，南方大學學院文學對談，2016年12月2日，《蕉風》第511期，2017年7月，頁6-21。

作品評論篇目

綜論

劉紹銘，〈山在虛無縹緲間——初讀李永平的小說（上、下）〉，《聯合報》第8版，1984年1月11-12日。收入陳幸蕙編，《七十三年文學批評選》，台北：爾雅出版社，1985年3月，頁263-276。

林建國，〈異形〉，《中外文學》第22卷第3期，1993年8月，頁73-96。收入高嘉謙編，《見山又是山——李永平研究》，台北：麥田出版，2017年9月，頁95-122。

朱雙一，〈吉陵與海東：墮落世界的合影——李永平論〉，《聯合文學》第125期，1995年3月，頁156-161。

王德威，〈來自熱帶的旅行者〉，《中國時報》第39版，1996年9月5日。收入《眾聲喧嘩以後——點評當代中文小說》，台北：麥田出版，2001年9月，頁381-387。

黃錦樹，〈流離的婆羅洲之子和他的母親、父親——論李永平的「文字修行」〉，《中外文學》第26卷第5期，1997年10月，頁119-146。收入《馬華文學與中國性》，台北：元尊文化公司，1998年1月，頁299-350。收入《馬華文學與中國性（增訂版）》，台北：麥田出版，2012年9月，頁201-234。又收入高嘉謙編，《見山又是山——李永平研究》，台北：麥田出版，2017年9月，頁55-94。

黃恆秋，〈客家文學的類型〉[6]，《客家文學史概論》，台北：客家台灣文史工作室，1998年6月，頁142-143。

林建國，〈有關婆羅洲的兩種說法〉，《中外文學》第27卷第6期，1998年11月，頁107-133。收入陳大為、鍾怡雯、胡金倫主編，《赤道回聲——馬華文學讀本Ⅱ》，台北：萬卷樓圖書公司，2004年1月，頁458-480。又收入鍾怡雯、陳大為主編，《犀鳥卷宗——砂拉越華文文學研究論集》，桃園：元智大學中語系，2016年12月，頁225-261。

陳大為，〈躍入隱喻的雨林——導讀當代馬華文學〉，《誠品好讀》第13期，2001年8月，頁32-34。

黃錦樹，〈漫遊者、象徵契約與卑賤物——論李永平的「海東春秋」〉，《中外文學》第30卷第10期，

2002年3月，頁24-41。收入《謊言或真理的技藝——當代中文小說論集》，台北：麥田出版，2003年1月，頁59-79。又收入陳大為、鍾怡雯、胡金倫主編，《赤道回聲——馬華文學讀本Ⅱ》，台北：萬卷樓圖書公司，2004年1月，頁408-424。

張錦忠，〈漫遊：朱鴒在仙境，李永平在台北〉，「離散美學與現代性——李永平和蔡明亮的個案」微型研討會論文，國立交通大學語言與文化研究所暨新興文化研究中心主辦，新竹：國立交通大學，2001年11月30日。後更名為〈在那陌生的城市——漫遊李永平的鬼域仙境〉，並刊登於《中外文學》第30卷第10期，2002年3月，頁12-23。收入高嘉謙編，《見山又是山——李永平研究》，台北：麥田出版，2017年9月，頁172-189。

林建國，〈蓋一座房子〉，《中外文學》第30卷第10期，2002年3月，頁42-74。

齊邦媛，〈雨林與馬華文學圖像〉，《聯合報》第39版，2002年9月29日。收入《一生中的一天——齊邦媛散文集》，台北：爾雅出版社，2004年5月，頁224-232。

陳瓊如，〈李永平——從一個島到另一個島〉，《誠品好讀》第27期，2002年11月，頁70-71。收入李永平《迌迌：李永平自選集1968-2002》，台北：麥田出版，2003年8月，頁399-405。

朱雙一，〈中、外文化交匯下的文學創作——李永平、張貴興等的馬來西亞「僑生」文學〉，《戰後台灣新世代文學論》，台北：揚智文化公司，2002年2月，頁218-230。

林開忠，〈「異族」的再現？——從李永平的《婆羅洲之子》與《拉子婦》談起〉，收入張錦忠主編，《重寫馬華文學史論文集》，南投：國立暨南國際大學東南亞研究中心，2004年，頁91-114。

鍾怡雯、陳大為主編，〈李永平和他的小說〉，《天下小說選Ⅰ．1970-2004世界中文小說（台灣及海外卷）》，台北：天下遠見出版公司，2005年5月，頁461-463。

胡月霞，〈李永平的原鄉想像與文字修行〉，《浙江大學學報》第35卷第1期，2005年1月，頁111-119。

黃錦樹，〈原鄉及其重影〉[7]，《文與魂與體——論現代中國性》，台北：麥田出版，2006年5月，頁314-318。

張錦忠，〈（離散）在台馬華文學與原鄉想像〉，《中山人文學報》第22期，2006年6月，頁83-105。

鄭琇方，〈慌：一個賤斥的過程——論李永平小說中的主體形構〉，收入林明昌、周煌華主編，《視野的互涉——世界華文文學論文集》，台北：唐山出版社，2007年4月，頁119-138。

詹閔旭，〈魔燈台灣——李永平小說中現代化與民族敘事的聯袂〉，「第四屆花蓮文學研討會」論文，花蓮縣文化局主辦，花蓮：花蓮縣文化局，2007年11月17-18日。後更名為〈《海東青》、《朱鴒漫遊仙境》的民族敘事與跨文化認同〉，收入花蓮縣文化局編，《第四屆花蓮文學研討會論文集：區域．語言．多元書寫》，花蓮：花蓮縣文化局，2008年3月，頁71-90。

蔡素芬主編，〈李永平（一九四七—）〉，《小說30家——台灣文學30年菁英選1978-2008（上）》，台北：九歌出版社，2008年4月，頁34-35。

陳建隆，〈總是個他者——李永平小說中的台灣經驗〉，《中正台灣文學與文化研究集刊》第3期，2008年8月，頁1-22。

謝世宗，〈慾望城市——李永平、漫遊與看（不）見的鬼魂〉，《文化研究》第7期，2008年12月30日，頁45-74。

胡金倫，〈我在峨嵋街看見李永平〉，《幼獅文藝》第662期，2009年2月，頁66-67。

金進，〈文字鬼魅．殖民書寫．紅樓筆法——李永平小說創作中文化因素之論析〉，《華文文學》第1期，2011年1月，頁48-54。

趙咏冰，〈在台灣的馬華文學——以李永平、張貴興、黃錦樹為例〉，《華文文學》第1期，2011年1

月，頁70-75。

黃錦樹，〈華人與他人——論東馬留台作家李永平與張貴興小説裡的族群關係〉，收入黃賢強主編，
　　《族群、歷史與文化——跨域研究東南亞和東亞》，新加坡：八方文化創作室，2011年6月，頁595-
　　608。

朱立立，〈從語言實踐角度看台灣現代派小説的文化身份表徵——以李永平和王禎和為觀照中心〉，
　　《福建江夏學院學報》第1卷第1期，2011年10月，頁101-105。

張錦忠，〈馬來西亞與新加坡華語語系文學場域〉，《文景》總第84期，2012年3月，頁19-25。

董冶字，〈婆羅洲的文字慾〉，《文景》總第84期，2012年3月，頁44-46。

藤原琉璃君，〈不能至的故國與回不去的家鄉〉，《南方都市報》，2012年7月29日。

林姵吟，〈創傷與慾望的救贖：留學生文學作為自造像——以郭松棻及李永平為例〉，《台灣文學研究
　　學報》第15期，2012年10月，頁77-115。

張錦忠，〈記憶、創傷與李永平小説裡的歷史——重讀《婆羅洲之子》與《拉子婦》〉，《揚子江評
　　論》第5期，2013年，頁30-35。

王西平，〈李永平的文學因緣與紅樓筆法〉，《青春》第4期，2013年，頁93-94。

曾麗琴，〈近期大馬華人小説書寫的兩個特徵——以李永平、張貴興、黎紫書為例〉，《九江學院學
　　報》第2期，2013年，頁88-91。

李有成，〈歷史的鬼魅——李永平小説中的戰爭記憶〉，收入謝政諭、松岡正子、廖炳惠、黃英哲主
　　編，《何謂「戰後」——亞洲的「1945」年及其之後》，台北：允晨文化公司，2015年10月，頁233-
　　252。

黃錦樹，〈疲憊的公馬——李永平與民國〉，《華文小文學的馬來西亞個案》，台北：麥田出版，2015
　　年3月，頁367-386。

潘頌漢，〈論馬華文學的反烏托邦書寫〉，《中國比較文學》第4期，2015年，頁137-150。

朱崇科，〈台砂並置：原鄉／異鄉的技藝與迷思——以李永平、張貴興的小説書寫為中心〉，《中山大
　　學學報》第55卷第4期，2015年，頁61-73。

羅鵬，〈李永平與鏡像地圖〉，《裸觀——關於中國現代性的反思》（趙瑞安譯），台北：麥田出版，
　　2015年1月，頁199-224。

林姵吟，〈華語語系的多鄉書寫——李永平作品中的「中國」、台北、與婆羅洲〉，《文藝爭鳴》第6
　　期，2016年6月，頁20-30。收入鍾怡雯、陳大為主編，《犀鳥卷宗——砂拉越華文文學研究論集》，
　　桃園：元智大學中語系，2016年12月，頁363-394。

王丹丹、方忠，〈文化雜糅視域下馬來西亞華人作家的原鄉想象書寫——以李永平的創作為例〉，《江
　　西社會科學》第8期，2016年，頁98-102。

王晶晶，〈無用之用——李永平小説關於「走」的現代性抒寫〉，《宜賓學院學報》第16卷第3期，2016
　　年3月，頁63-69。

溫明明，〈李永平論：台灣與婆羅洲〉，收入《離境與跨界——在台馬華文學研究1963-2013》，北京：
　　中國社會科學出版社，2016年5月，頁90-96。

詹閔旭，〈如何書寫台灣——李永平小説裡的跨國地方認同〉，收入高嘉謙編，《見山又是山——李永
　　平研究》，台北：麥田出版，2017年9月，頁138-171。

及川茜著，劉靈均譯，〈紅色的領路鳥——論李永平的「繆斯」朱鴿〉，原以日文刊載於《中國21》第
　　43號，日本：愛知大學現代中國學會，2015年。經修訂收入高嘉謙編，《見山又是山——李永平研
　　究》，台北：麥田出版，2017年9月，頁226-260。

分論

◆單行本

·《婆羅洲之子》

李有成,〈《婆羅洲之子》少年李永平的國族寓言〉,《南洋學報》第68期,2014年12月,頁1-13。收入高嘉謙編,《見山又是山——李永平研究》,台北:麥田出版,2017年9月,頁38-54。

·《拉子婦》

顏元叔,〈評《拉子婦》〉,《大學雜誌》第11期,1968年11月。收入奧非歐等著,《康橋踏尋徐志摩的踪徑》,台北:環宇出版社,1970年7月,頁117-119。收入李永平《拉子婦》,台北:華新出版社,1976年8月,頁167-169。

黃比月,〈淺評《拉子婦》〉,《書評書目》第42期,1976年10月,頁55-60。

李瑞騰,〈重讀拉子婦〉,《幼獅文藝》第51卷第4期,1980年4月,頁132-140。

賴芳伶,〈《拉子婦》簡析〉,《中國現代短篇小說選析2》,台北:長安出版社,1984年2月,頁931-933。

高嘉謙,〈誰的南洋?誰的中國?——試論《拉子婦》的女性與書寫位置〉,《中外文學》第29卷第4期,2000年9月,頁139-154。

鄭琇方,〈以父之名?——試論李永平《拉子婦》的族群認同及其建構〉,「第二屆新世紀文化文學研究的新動向研討會——台灣、東南亞的文化文學與社會變遷」論文,台灣佛光大學文學所、馬來西亞華社研究中心及馬來西亞孝恩文化基金會聯辦,2004年3月27-29日。後更名為〈李永平《拉子婦》〉,收入楊松年、簡文志編,《離心的辯證——世華小說評析》,台北:唐山出版社,2004年6月,頁131-137。

應鳳凰,〈《拉子婦》評析〉,《現代小說讀本》,台北:揚智文化公司,2004年8月,頁321-322。

黃萬華,〈異:海外華人文學的一種視野和形態〉[8],《傳統在海外——中華文化傳統和海外華人文學》,濟南:山東文藝出版社,2006年,頁248-249。

·《吉陵春秋》

余光中,〈觀音蓮——讀李永平的小說〉,《聯合報》第8版,1986年3月6日。後更名為〈十二瓣的觀音蓮——我讀《吉陵春秋》〉,收入《吉陵春秋》,台北:洪範書店,1986年4月,頁1-9。又更名為〈十二瓣的觀音蓮——序《吉陵春秋》〉,收入《井然有序——余光中序文集》,台北:九歌出版社,1996年10月,頁311-319。

淡江大學西洋語文研究所研究生討論會,〈孽與救贖——評李永平的「吉陵春秋」(上)、(下)〉,《自立晚報》第10版,1986年5月29日。

龍應台,〈一個中國小鎮的塑像〉,《當代》第2期,1986年6月1日,頁166-172。收入陳幸蕙編,《七十五年文學批評選》,台北:爾雅出版社,1987年3月,頁153-176。

王德威,〈小規模的奇蹟〉,《聯合文學》第22期,1986年8月,頁219-220。後更名為〈小規模的奇蹟——評李永平的《吉陵春秋》〉,收入《閱讀當代小說——台灣·大陸·香港·海外》,台北:遠流出版公司,1991年9月,頁46-48。

張錦忠,〈哀矜而從容的敘事——評李永平的《吉陵春秋》〉,《蕉風》第395期,1986年9月。收入《時光如此遙遠——隨筆馬華文學》,雪蘭莪:有人出版社,2015年5月,頁242-243。

蘇其康,〈李永平的抒情世界——評「吉陵春秋」〉,《文訊》第29期,1987年4月,頁128-135。

曹淑娟,〈墮落的桃花源——論《吉陵春秋》的倫理秩序與神話意涵〉,《文訊》第29期,1987年4月,

頁136-151。收入李瑞騰主編，《中華現代文學大系——評論卷1（台灣1970-1989）》，台北：九歌出版社，1989年5月，頁613-637。

王德威，〈原鄉神話的追逐者——沈從文、宋澤萊、莫言、李永平〉，收入陳炳良編《中國現代文學新貌》，台北：學生書局，1990年10月，頁19-25。收入《小說中國——晚清到當代的中文小說》，台北：麥田出版，1993年6月，頁249-277。

林建國，〈為什麼馬華文學？〉[9]，《中外文學》第21卷第10期，1993年3月，頁89-126。

朱雙一，〈赴台馬來西亞僑生文學的中華情結和南洋色澤〉[10]，《台灣研究集刊》第1期，1995年，頁61-68。

鍾玲，〈我去過李永平的吉陵〉，《聯合報‧副刊》第24版，1993年1月17日。收入《日月同行》，台北：九歌出版社，2000年10月，頁19-29。

張誦聖，〈現代主義與台灣現代派小說〉[11]，《文學場域的變遷——當代台灣小說論》，台北：聯合文學出版社，2001年6月，頁32-36。

黃美儀，〈黎紫書與李永平文字花園中的後殖民景觀〉，《人文雜誌》第14期，2002年3月，頁79-89。

應鳳凰，〈李永平的《吉陵春秋》〉，《臺灣文學花園》，台北：玉山社，2003年1月，頁88-92。

萇瑞松，〈消逝的伊甸園——吉陵鎮的幽暗心靈探析〉，《中興湖文學獎》第22期，2005年12月，頁243-264。

李文博，〈試探李永平小說的意象敘事——以〈萬福巷裡〉為例〉，《中興湖文學獎》第23期，2006年12月，頁201-213。

朱崇科，〈旅行本土：游移的「惡」托邦——以李永平《吉陵春秋》為中心〉，《華僑大學學報》第3期，2007年9月，頁99-106。後更名為〈游移的「惡」托邦——論《吉陵春秋》的旅行本土〉，收入《考古文學「南洋」——新馬華文文學與本土性》，上海：上海三聯書店，2008年8月，頁229-248。

丁怡萌，〈李永平《吉陵春秋》的時空構架及其敘事功能〉，《愛知論叢》第87號，2009年，頁31-48。

丁怡萌，〈《吉陵春秋》中的時間循環敘事之分析〉，《河北師範大學學報》第33卷第3期，2010年5月，頁100-105。

李福瑩，〈這是一個東方式的「罪與罰」（李永平名作《吉陵春秋》出版）〉，《深圳晚報》，2013年2月24日。

王萌，〈虛構的罪惡之鄉，李永平的《吉陵春秋》〉，《上海文化》2013年5月號，2013年5月，頁40-46。

張誦聖，〈文學現代主義的移植〉[12]，《現代主義‧當代台灣》，台北：聯經出版公司，2015年4月，頁116-124。

李欣池，〈重繪逝去的時空——論《吉陵春秋》的美學追尋與罪惡書寫〉，《常州工學院學報》第34卷第3期，2016年6月，頁14-18。

宋秀娟，〈論《吉陵春秋》的「惡托邦」書寫〉，《常州工學院學報》第34卷第5期，2016年10月，頁19-22。

‧《海東青》

張夢瑞，〈埋首四年‧寫就《海東青》，李永平以詩的文字撰寫小說〉，《民生報》第29版，1992年1月10日。

林英，〈台灣心事盡在《海東青》〉，《民生報》第14版，1992年2月19日。

朱恩伶，〈小說家重量出發‧李永平《海東青》四年五十萬字‧世紀末文字風景的里程碑〉，《中國時報》第43版，1992年3月13日。

王德威，〈《海東青》評介〉，《中國時報》第44版，1992年3月13日。

劉紹銘，〈抱著字典讀小說〉，《聯合報》第43版，1992年3月20日。

張誦聖，〈《海東青》——中國現代主義小說的新里程碑〉，《聯合報》第25版，1992年6月13日。

朱恩伶、張娟芬，〈李永平結束隱居回台教書〉，《中國時報》，1992年10月2日。

楊棄，〈黨國與猥褻——評李永平《海東青》（上卷）〉，《島嶼邊緣》第2卷第1期，1992年，頁141-143。

張誦聖，〈1992讀書人最佳書獎（文學類）專輯——評李永平《海東青》〉，《聯合報》第26版，1993年1月7日。後更名為〈嘲蔑中產品味的現代主義美學——評李永平《海東青》〉，收入《文學場域的變遷——當代台灣小說論》，台北：聯合文學出版社，2001年6月，頁193-195。

黃錦樹，〈在遺忘的國度——讀李永平《海東青》（上卷）〉，《台灣文學觀察雜誌》第7期，1993年6月，頁80-100。收入《馬華文學：內在中國、語言與文學史》，吉隆坡：華社資料中心，1996年，頁162-186。收入《馬華文學與中國性（增訂版）》，台北：麥田出版，2012年9月，頁235-262。

王德威，〈大有可為的台灣政治小說——東方白、張大春、林燿德、楊照、李永平〉，《小說中國——晚清到當代的中文小說》，台北：麥田出版，1993年6月，頁101。

王德威，〈世紀末的中文小說・預言四則——歷史抒情詩化〉[13]，《評論20家——台灣文學二十年集1978-1998》，台北：九歌出版社，1998年3月，頁278-279。

羅鵬（Carlos Rojas），張潔譯，〈祖國與母性——李永平《海東青》之地形魅影〉，收入周英雄、劉紀蕙編，《書寫台灣——文學史、後殖民與後現代》，台北：麥田出版，2000年4月，頁361-372。收入高嘉謙編，《見山又是山——李永平研究》，台北：麥田出版，2017年9月，頁123-137。

王德威，〈莎樂美迢迢——評李永平《海東青》〉，《眾聲喧嘩以後——點評當代中文小說》，台北：麥田出版，2001年9月，頁95-99。

王德威，〈大學教授的幼齒學——評《海東青》第十一章〉，《眾聲喧嘩以後——點評當代中文小說》，台北：麥田出版，2001年9月，頁100-103。

朱立立，〈漫遊・時間寓言・語言烏托邦——解讀《海東青》的多重方法〉，《文學評論》第3期，2005年9月，頁183-189。收入《閱讀華文離散敘事》，北京：人民出版社，2015年5月，頁111-125。

詹閔旭，〈罪／醉城——論李永平的《海東青》〉，《台灣作家的地理書寫與文學體驗——2006青年文學會議論文集》，台南：國家台灣文學館籌備處，財團法人台灣文學發展基金會，2007年3月，頁395-412。

張帆，〈空間維度上的歷史政治寓言——論《海東青》的歷史書寫〉，《現代台灣研究》第5期，2009年，頁62-66。

・《朱鴒漫遊仙境》

李奭學，〈再見所多瑪〉，《聯合報》第41版，1998年8月3日。後更名為〈再見所多瑪——評李永平著《朱鴒漫遊仙境》〉，《書話台灣》，台北：九歌出版社，2004年5月，頁77-80。

郭強生，〈雙重的鄉愁〉，收入李永平《朱鴒漫遊仙境》，台北：聯合文學出版社，2010年6月，頁421-427。

・《雨雪霏霏》

齊邦媛口述，潘煊訪問整理，〈《雨雪霏霏》與馬華文學圖像〉，收入李永平《雨雪霏霏：婆羅洲童年記事》，台北：天下遠見出版公司，2002年9月，頁I-X。

李令儀，〈《雨雪霏霏》，李永平童年懺悔錄〉，《聯合報》第14版，2002年10月8日。

李維菁，〈李永平《雨雪霏霏》，自我精神分析〉，《中國時報》第14版，2002年10月8日。

賴素鈴，〈《雨雪霏霏》新長篇——李永平探原鄉，真誠看人性〉，《民生報》第A10版，2002年10月8日。

齊邦媛，〈我讀《雨雪霏霏》〉，《書與人》第7期，2002年10月，頁39。

陳瓊如，〈李永平：從一個島到另一個島〉，《誠品好讀》第27期，2002年11月，頁70-71。收入李永平《迌迌：李永平自選集1968-2002》，台北：麥田出版，2003年8月，頁399-405。

張錦忠，〈在那熟悉的熱帶雨林〉[14]，《聯合報》第23版，2002年11月10日。

林建國，〈芒草與悲憫〉[15]，《中國時報》第34版，2002年11月24日。

儲筱薇，〈雨雪霏霏——靈肉原罪，寬慰滌清〉，《經濟日報》第23版，2002年11月24日。

王力亭，〈黯夜裡有光〉[16]，《中央日報》第17版，2002年12月30日。

林育如，〈《雨雪霏霏》〉，《中央日報》第17版，2003年2月17日。

陳建隆，〈呼喊雨林——李永平《雨雪霏霏》之敘述策略探析〉，《第十四屆全國中文研究所研究生論文研討會論文集》，桃園：國立中央大學中文系，2007年11月，頁151-162。

陳允元，〈棄、背叛與回家之路——李永平《雨雪霏霏》中的雙鄉追認〉，《台灣文學研究學報》第13期，2011年10月，頁41-67。收入鍾怡雯、陳大為主編，《犀鳥卷宗——砂拉越華文文學研究論集》，桃園：元智大學中語系，2016年12月，頁327-362。

王德威，〈原罪與原鄉——李永平《雨雪霏霏》〉，《揚子江評論》2013年第5期，2013年5月，頁5-7。收入李永平，《雨雪霏霏》，台北：麥田出版，2013年11月，頁5-11。

葛文靜、曲妍，〈原鄉與罪的交錯——論李永平《雨雪霏霏：婆羅洲的童年記事》中的回家之路〉，《語文學刊》2015年第17期，2015年9月，頁58-59。

• 《迌迌：李永平自選集1968-2002》

王德威，〈序——原鄉想像，浪子文學〉，收入李永平，《迌迌：李永平自選集1968-2002》，台北：麥田出版，2003年8月，頁11-25。後刊於《自由時報》第43版，2003年8月3日。又刊於《江蘇社會科學》2004年第4期，2004年7月，頁101-105。後收入《後遺民寫作》，台北：麥田出版，2007年11月，頁245-259。又收入高嘉謙編，《見山又是山——李永平研究》，台北：麥田出版，2017年9月，頁22-37。

駱以軍，〈心靈史啟示錄〉[17]，《中央日報》第17版，2003年9月21日。

陳虹霖，〈由自選集《迌迌》綜觀李永平書寫之特色〉，《問學集》第14期，2007年6月，頁57-64。

• 《大河盡頭》

劉梓潔，〈李永平《大河盡頭》給你好看！〉，《中國時報》第E4版，2008年7月13日。

張錦忠，〈南洋少年的奇幻之旅〉[18]，《中國時報》第E6版，2008年7月13日。收入《時光如此遙遠——隨筆馬華文學》，雪蘭莪：有人出版社，2015年5月，頁249-252。

王德威，〈大河的盡頭，就是源頭〉，收入李永平，《大河盡頭（上卷：溯流）》，台北：麥田出版，2008年8月，頁7-16。收入《勵耘學刊（文學卷）》2012年第2期，2012年。同時收入《文景》總第84期，2012年3月，頁14-18。

Koichi Shimizu，〈《大河盡頭（上卷：溯流）》〉，《自由時報》第D13版，2008年10月15日。

林俊頴，〈啟蒙、反啟蒙並行的河殤——評李永平《大河盡頭》〉，《文訊》281期，2009年3月，頁104-105。

房慧真，〈大河盡頭，魂兮歸來〉，《聯合報》第E3版，2010年12月4日。

王德威，〈婆羅洲的「魔山」〉，收入《大河盡頭（下卷：山）》，台北：麥田出版，2010年9月，頁5-14。

高嘉謙，〈性、啟蒙與歷史債務——李永平《大河盡頭》的創傷和敍事〉，《台灣文學研究集刊》第11期，2012年2月，頁35-60。收入鍾怡雯、陳大為主編，《犀鳥卷宗——砂拉越華文文學研究論集》，桃園：元智大學中語系，2016年12月，頁289-326。又收入《見山又是山——李永平研究》，台北：麥田出版，2017年9月，頁190-225。

王德威，〈李永平《大河盡頭》：婆羅洲的「魔山」〉，《文藝報》，2012年3月30日。

黃錦樹，〈石頭與女鬼——論《大河盡頭》中的象徵交換與死亡〉，《台灣文學研究學報》第14期，2012年4月，頁241-263。收入鍾怡雯、陳大為主編，《犀鳥卷宗——砂拉越華文文學研究論集》，桃園：元智大學中語系，2016年12月，頁263-288。

徐紹娜，〈華語名家李永平《大河盡頭》出版〉，《新快報》，2012年4月28日。

黃楊，〈憂鬱的熱帶無盡的鄉愁〉，《京華時報》，2012年5月4日。

劉雯，〈生命的溯源：李永平創作巔峰〉[19]，《長江商報》，2012年5月7日。

谷立立，〈慾望書寫：陰鬱與希望並存〉，《i時代報》，2012年5月9日。

郭玥，〈在原鄉島嶼上書寫異鄉故事〉，《中國圖書商報》第1849、1850期合刊，2012年6月5日。

〈《大河盡頭》：追尋生命的源頭〉，《河北青年報》，2012年6月24日。

朱崇科，〈大歷史抑或自我的原鄉〉，《文匯報》，2012年7月7日。又刊於《讀書》2012年第9期，2012年9月，頁61-64。

吳明益，〈語言中的肇荒——《大河盡頭》中的蟲蟻鳥獸及其自然意識〉，「李永平與台灣／馬華書寫——第二屆空間與文學國際學術研討會」論文，國立東華大學空間與文學研究室、國立東華大學英美系主辦，台北：國立台灣大學，2011年9月24日。後更名為〈文字中的肇荒——《大河盡頭》中的禽鳥野獸及自然意識〉，收入《自然之心——從自然書寫到生態批評》，新北市：夏日出版，2012年1月，頁157-178。

郝譽翔〈幽黯國度——《大河盡頭》中記憶與現實的對話〉，收入國立東華大學華文系主編，《國際漢學研究新趨勢——鄭清茂教授八秩華誕祝壽論文集》，花蓮：國立東華大學，2013年3月，頁229-246。

楊青，〈一個南洋華裔青年的唐山情懷〉，《深圳晚報》，2013年1月28日。

王榮耀，〈《大河盡頭》的男性書寫和回歸書寫〉，《世界華文文學論壇》2013年第2期，2013年，頁30-35。

左婭，〈《大河盡頭》的母性特質解讀〉，《世界華文文學論壇》2013年第2期，2013年，頁36-40。

張俏靜，〈不盡大河滾滾流　無邊情思深深藏——論李永平的長篇小說《大河盡頭》〉，《世界華文文學論壇》2013年第3期，2013年，頁28-30。

楊君寧，〈靈與童身之行旅——讀李永平《大河盡頭》〉，《華文文學與文化》第3期，2014年6月，頁209-216。

郭俊超，〈論李永平《大河盡頭》中的慾望書寫〉，《中國現代文學論叢》第10卷第1期，2015年4月，頁60-68。

曾佩玲，〈跨越語言的閾限之後——以李永平《大河盡頭》為研究個案〉，《唐山文學》2016年第10期，2016年，頁105-107。又刊於《蕉風》第511期，2017年7月，頁22-32。

潘頌漢，〈大河抒情——論馬華作家李永平的小說創作：以《大河盡頭》為中心〉，《百色學院學報》第29卷第1期，2016年1月，頁112-115。

· 《朱鴒書》

劉雯慧，〈修復與超越——論李永平《朱鴒書》的創傷原址〉，《中國文學研究》第44期，2017年7月，

頁237-274。

• 〈新俠女圖〉（未出版）

龔萬輝，〈小說家的搏鬥——為李永平小說〈新俠女圖〉畫插畫〉，《星洲日報》，2017年7月28日。

駱以軍，〈不在之境，歷歷如繪——讀李永平〈新俠女圖〉〉，《文訊》382期，2017年8月，頁220-224。

◆單篇作品

朱炎，〈我讀李永平〈日頭雨〉〉，《聯合報》第8版，1979年9月18日。

張系國，〈第六印——我讀〈日頭雨〉〉，《聯合報》，1981年9月11日。

石新民，〈李永平——作品鑑賞〈日頭雨〉〉，收入明清秦人主編，《台港小說鑑賞辭典》，北京：中央民族學院出版社，1994年，頁609-611。

朱炎，〈短篇小說所反映的台灣社會文化的變遷——民國六十八年～七十八年〉[20]，《情繫文心》，台北：九歌出版社，1998年1月，頁160-161。

梅家玲、郝譽翔主編，〈〈日頭雨〉作者簡介與評析〉，《台灣現代文學教程：小說讀本》，台北：二魚文化公司，2002年8月，頁454。

鍾怡雯，〈導讀〉[21]，收入向陽主編，《二十世紀台灣文學金典·小說卷·戰後時期·第二部》，台北：聯合文學出版社，2006年1月，頁177-178。

歐陽子編，〈李永平：〈圍城的母親〉〉，《現代文學小說選集·第二冊》，台北：爾雅出版社，1977年6月，頁395。

王德威，〈里程碑下的沉思——當代台灣小說的神話性與歷史感〉[22]，《世界中文小說選（上）》，台北：時報出版公司，1987年10月，頁10-11。

平路，〈李永平（1947-）作品〉[23]，《小說20家——台灣文學二十年集1978-1998》，台北：九歌出版社，1998年3月，頁13-14。

張錦忠，〈兩個這鄉望他鄉的故事〉[24]，收入張錦忠、黃錦樹編，《別再提起——馬華當代小說選》，台北：麥田出版，2004年9月，頁66-67。又收入《時光如此遙遠——隨筆馬華文學》，雪蘭莪：有人出版社，2015年5月，頁247-248。

邱貴芬主編，〈政治小說：勾勒願景與希望〉[25]，《台灣政治小說選》，台北：二魚文化公司，2006年8月，頁13。

鍾宗憲，〈李永平小說〈七蓬飛颺的髮絲〉的台北印象〉，《學院作家學術研討會大會手冊及論文集》，台北：國立台北教育大學語創系，2007年9月，頁98-111。

會議論文

林建國，〈境外現代主義——李永平和蔡明亮的個案〉，「新世紀華文文學發展國際學術研討會」論文，元智大學中語系主辦，桃園：元智大學，2001年5月18-19日。

張誦聖，〈現代主義美學作品的案例：《吉陵春秋》〉，「離散美學與現代性——李永平和蔡明亮的個案」微型研討會論文，國立交通大學語言與文化研究所暨新興文化研究中心主辦，新竹：國立交通大學，2001年11月30日。

伍燕翎，〈現代性追求下的「中國性」和「去中國性」——以李永平和黃錦樹的小說作初步觀察和思考〉，「海外漢學與中西文化交流國際研討會」論文，中國浙江大學主辦，浙江：浙江大學，2006年10月13-16日。

伍燕翎，〈歷史的還原與建構──以李永平、黃錦樹和小黑的小說為例〉，「第七屆東南亞華文文學研討會」論文，廈門市東南亞華文文學研究會、泰國留學中國大學校友總會、廈門大學東南亞華文文學研究中心和廈門大學中文系聯辦，福建：廈門大學，2007年10月26-29日。

陳建隆，〈我來自熱帶──李永平小說中的雨林記憶〉，「中央大學中國文學系第三屆學生論文研討會」論文，國立中央大學中文系主辦，桃園：國立中央大學，2008年5月31日。

黃錦樹，〈最後的戰役──金枝芒與李永平〉，「東亞移動敍事帝國・女性・族群國際研討會」論文，國立中興大學台文所主辦，台中：國立中興大學，2008年11月8-9日。

莊華興，〈女語／母語與父文──李永平小說中的族群語言政治〉，「國家與族群國際研討會」論文，國立中山大學人文社會科學研究中心主辦，高雄：國立中山大學，2008年11月8-9日。

李文傳，〈李永平的原鄉鄉讎〉，「近現代文學與文化研討會」論文，國立台灣大學台文所、北京大學中文系主辦，北京：北京大學，2008年11月26-27日。

高嘉謙，〈聲音的詩學──論李永平小說的幽靈和音樂〉，「李永平與台灣／馬華書寫──第二屆空間與文學國際學術研討會」論文，國立東華大學空間與文學研究室、國立東華大學英美系主辦，台北：國立台灣大學，2011年9月24日。

何致和，〈救贖的必要與可能──論李永平《海東青》裡的頹廢意識〉，「李永平與台灣／馬華書寫──第二屆空間與文學國際學術研討會」論文，國立東華大學空間與文學研究室、國立東華大學英美系主辦，台北：國立台灣大學，2011年9月24日。

詹閔旭，〈全球性與異質性──在台馬華小說的雨林書寫〉[26]，「易地而處──文學的跨域、移植與再生學術研討會」論文，東海大學中文系主辦，台中：東海大學，2017年11月12日。

黃錦樹，〈「此時此地的現實」？──重整「馬華文藝的獨特性」〉[27]，「易地而處──文學的跨域、移植與再生學術研討會」論文，東海大學中文系主辦，台中：東海大學，2017年11月12日。

作品評論目錄、索引

賴芳伶，〈重要評論〉，《中國現代短篇小說選析2》，台北：長安出版社，1984年2月，頁934。

胡金倫、高嘉謙，〈李永平小說評論／訪談索引（1976-2003）〉，《迌迌：李永平自選集1968-2002》，台北：麥田出版，2003年8月，頁407-414。

〔編輯部〕，〈李永平小說評論／訪談索引（依年分次序排列）〉，《大河盡頭（上卷：溯流）》初版，台北：麥田出版，2008年8月，頁453-463。

網路資料

詠竹，〈談旅台馬華作家的困境──以李永平〈拉子婦〉為例〉，2006年3月8日。（http://mypaper.pchome.com.tw/linsy415/post/1265799503）

〈超齡書寫的時空秘道──讀李永平《朱鴒漫遊仙境》〉，《聯合文學・udn城市》，2010年7月16日。（http://city.udn.com/78/4060309?tpno=60&cate_no=0）

〈小女孩逛大街之台北夜生活初體驗〉，《聯合文學・udn城市》，2010年7月26日。（http://city.udn.com/78/4083933）

思郁，〈閱讀的困惑，變異的風景〉，《晶報・深港書評》，2012年5月27日。同時刊於http://blog.163.com/ygy8245@126/blog/static/900924820124271019 54208/。後修訂重刊於《晶報・深港書

評》。（https://read01.com/Ny5MA47.html#.WgLtBluCzIU）

〈李永平：認同文化中國　但再也回不去〉，鳳凰衛視《開卷八分鐘》，2012年6月7日。（http://phtv. ifeng.com/program/kjbfz/detail_2012_06/08/15150412_0.shtml）

王西平，〈還鄉〉，北青網，2013年3月22日。（http://www.spph.com.cn/books/bkview. asp?bkid=238731&cid=723664）

〈李永平：希望自己被稱為華文作家〉，《東亞周刊》吉和網，2013年2月3日。又轉載於鳳凰網，2013 年4月12日。（http://book.ifeng.com/yeneizixun/detail_2013_04/12/24167101_0.shtml）

李永平答楊洋公開信，〈人終究要回家〉，《深圳晚報》，2014年9月6日。（https://read01. com/5P5Mz.html#.WgC1p1uCzIU）

董冶宇，〈朱鴒漫遊失樂園〉，《晶報‧深港書評》，2014年9月14日。（http://www.duxieren.com/ jingbao/201409.shtml）

〈李永平：大河盡頭，那是什麼？〉，中山網，2014年11月12日。（https://read01.com/xjayk.html）

〈李永平的浪子情懷〉，樂雲網，2014年11月9日。（https://read01.com/ymkJjx.html#. WgC2KFuCzIU）

張家瑜，〈婆羅洲上飛翔的螢火蟲〉，深圳新聞網，2016年1月16日。（https://read01.com/emaOK. html#.Wftf0VuCyUk）

仇莉蓮，〈李永平專訪：南洋歸航之旅〉（上、下），周星衢基金，2016年12月15日。（http://www. chouscfoundation.org/zh-hans/bulletin-zh/blog-post-zh/%E6%9D%8E%E6%B0%B8%E5%B9%B3%E4 %B8%93%E8%AE%BF%EF%BC%9A%E5%8D%97%E6%B4%8B%E5%BD%92%E8%88%AA%E4%B9 %8B%E6%97%85%EF%BC%88%E4%B8%8A%EF%BC%89/）、（http://www.chouscfoundation.org/ zh-hans/bulletin-zh/blog-post-zh/%E6%9D%8E%E6%B0%B8%E5%B9%B3%E4%B8%93%E8%AE%BF %EF%BC%9A%E5%8D%97%E6%B4%8B%E5%BD%92%E8%88%AA%E4%B9%8B%E6%97%85%EF% BC%88%E4%B8%8B%EF%BC%89/）

黃文鉅，〈浪子回家　李永平〉，《鏡文學》，2017年9月11日。（https://www.mirrormedia.mg/ story/20170907pol001/）

黃文鉅，〈任性的癌末病人　李永平專訪之一〉，《鏡文學》，2017年9月11日。（https://www. mirrormedia.mg/story/20170907pol002/）

黃文鉅，〈寫作是回家的路　李永平專訪之二〉，《鏡文學》，2017年9月11日。（https://www. mirrormedia.mg/story/20170907pol003/）

黃文鉅，〈身為小說家，我是台灣製造　李永平專訪之三〉，《鏡文學》，2017年9月11日。（https:// www.mirrormedia.mg/story/20170907pol004/）

黃文鉅，〈寫武俠是為了歌頌女性　李永平番外篇〉，《鏡文學》，2017年9月11日。（https://www. mirrormedia.mg/story/20170907pol006/）

黃文鉅，〈小說家和他的繆斯女神　李永平番外篇〉，《鏡文學》，2017年9月11日。（https://www. mirrormedia.mg/story/20170907pol005/）

〈婆羅洲之子拿國家文藝獎　李永平：多元包容是台灣價值〉，《聯合報》，2017年9月22日。 （https://udn.com/news/story/7266/2716999）

〈李永平：浪子，一個沒有母語的作家〉，新浪新聞中心，2017年9月23日。（http://news.sina.com. cn/o/2017-09-23/doc-ifymenmt6346217.shtml）

悼念文章、報導

〈思念永不止息——敬悼李永平先生（1947～2017）〉，《文訊》，2017年9月22日。（https://www.facebook.com/wenhsunMAG/posts/1574905542553289）

〈李永平辭世　鄭麗君：奮力寫作敬佩不已〉，《中央通訊社》，2017年9月22日。（http://www.cna.com.tw/news/ahel/201709220335-1.aspx）

沈河西，〈馬華代表作家李永平在台灣去世，享年71歲〉，《澎湃新聞》，2017年9月22日。（http://www.thepaper.cn/newsDetail_forward_1803028）

黃文鉅，〈前往一個乾淨明亮的地方——小說家李永平辭世〉，《鏡文學》，2017年9月22日。（https://www.mirrormedia.mg/story/20170922pol001/）

〈李永平逝世．從雨雪霏霏到大河盡頭，寫作是一條回家的路〉，《晶報．深港書評》，2017年9月22日。（https://read01.com/Ny5MA47.html#.WgC1tVuCzIU）

徐鵬遠，〈馬來西亞華文作家李永平病逝　曾多次表示反感大馬〉，鳳凰網，2017年9月22日。（http://culture.ifeng.com/a/20170922/52127370_0.shtml）

〈駱以軍：召喚中國古文字，重建一個魔幻之境〉，鳳凰網，2017年9月24日。（http://culture.ifeng.com/a/20170924/52143840_0.shtml）

黃錦樹，〈漫遊・回返・一趟旅程〉（追思李永平），閱讀誌（OPEN BOOK），2017年9月25日。（https://goo.gl/18xk96）後更名為〈同鄉會〉（李永平悼念特輯・上），《星洲日報》，2017年10月2日。（http://www.sinchew.com.my/node/1687327）

蔡詩萍，〈蔡詩萍觀點：這政府在乎一個國家文藝獎得主的過世嗎？〉，《風傳媒》，2017年9月28日。（http://www.storm.mg/article/337322）

〈李永平：那位來自婆羅洲的作家走了〉，《中國科學報》第6版，2017年9月29日。（https://read01.com/ggeMgme.html）

衣若芬，〈人生可以重疊〉，《聯合早報》，2017年9月30日。（http://www.zaobao.com.sg/zlifestyle/columns/story20170930-799296）

王潤華，〈李永平最後的南洋旅程〉，《聯合早報》，2017年10月3日。（http://www.zaobao.com.sg/news/fukan/literary-writings/story20171003-799999）

林正修，〈探索中不斷轉向的李永平〉，《新新聞》1596期，2017年10月4日。（https://www.new7.com.tw/talk/talkView.aspx?i=TXT20171004150520H47）

盧筱雯，〈朱鴒回家了！〉（李永平悼念特輯・中），《星洲日報》，2017年10月9日。（http://www.sinchew.com.my/node/1689565）

張嘉嘉，〈再見，李永平老師〉（李永平悼念特輯・中），《星洲日報》，2017年10月9日。（http://www.sinchew.com.my/node/1689568）

李志勇，〈風起，風散〉（李永平悼念特輯・中），《星洲日報》，2017年10月9日。（http://www.sinchew.com.my/node/1689563）

張貴興，〈白袍巫師下南洋　悼小說家李永平〉（文學紀念冊），《聯合報》，2017年10月13日。（https://reader.udn.com/reader/story/7048/2753801）

李宣春，〈胡椒園與黑狗〉（李永平悼念特輯・下），《星洲日報》，2017年10月16日。（http://www.sinchew.com.my/node/1691777）

張惠思，〈看見時間走過蘇丹街〉（李永平悼念特輯・下），《星洲日報》，2017年10月16日。

（http://www.sinchew.com.my/node/1691769）

國立東華大學，〈永遠的婆羅洲之子，敬悼英美系李永平榮譽教授〉，2017年10月3日。（http://www.ndhu.edu.tw/files/14-1000-118992,r2390-1.php?Lang=zh-tw）

曾珍珍，〈共創東華十年傳奇〉（李永平紀念專題Ⅰ），閱讀誌（OPEN BOOK），2017年10月30日。（https://www.openbook.org.tw/article/p-828）

郭強生，〈大河盡頭的沉默〉（李永平紀念專題Ⅱ），閱讀誌（OPEN BOOK），2017年10月30日。（https://www.openbook.org.tw/article/p-829）

張培哲，〈生死關〉（李永平紀念專題Ⅲ），閱讀誌（OPEN BOOK），2017年10月30日。（https://www.openbook.org.tw/article/p-831）

連明偉，〈餘音〉（李永平紀念專題Ⅳ），閱讀誌（OPEN BOOK），2017年10月30日。（https://www.openbook.org.tw/article/p-838）

林秀梅，〈恣意一生為文學〉（李永平紀念專題Ⅴ），閱讀誌（OPEN BOOK），2017年10月30日。（https://www.openbook.org.tw/article/p-840）

〈李永平：教學理念〈不忍〉〉（李永平紀念專題附錄），閱讀誌（OPEN BOOK），2017年10月30日。（https://www.openbook.org.tw/article/p-842）

邱向紅，〈〔追憶大河盡頭——記／憶李永平〕想起校園裡的那扇窗〉，《聯合早報》，2017年11月2日。（http://www.zaobao.com.sg/news/fukan/literary-writings/story20171102-807733）

林藝君，〈〔追憶大河盡頭——記／憶李永平〕大河盡頭〉，《聯合早報》，2017年11月2日。（http://www.zaobao.com.sg/news/fukan/literary-writings/story20171102-807733）

黃詩倫，〈〔追憶大河盡頭——記／憶李永平〕老師騎腳踏車來回蔡厝港吃雞飯〉，《聯合早報》，2017年11月2日。（http://www.zaobao.com.sg/news/fukan/literary-writings/story20171102-807733）

陳慧雅，〈〔追憶大河盡頭——記／憶李永平〕茶緣〉，《聯合早報》，2017年11月2日。（http://www.zaobao.com.sg/news/fukan/literary-writings/story20171102-807733）

盧筱雯，〈〔追憶大河盡頭——記／憶李永平〕聲音〉，《聯合早報》，2017年11月2日。（http://www.zaobao.com.sg/news/fukan/literary-writings/story20171102-807733）

曾亞駿，〈〔追憶大河盡頭——記／憶李永平〕追夢〉，《聯合早報》，2017年11月2日。（http://www.zaobao.com.sg/news/fukan/literary-writings/story20171102-807733）

國立東華大學英美系校友等著，〈【敬悼】紀念李永平榮譽教授〉。（http://www.dengl.ndhu.edu.tw/files/15-1043-118480,c2015-1.php?Lang=zh-tw）

王德威，〈原鄉的浪子〉（見山又是山：李永平紀念特輯），《文訊》386期，2017年12月，頁98-101。

及川茜，〈通往另一個國度的迷宮〉（見山又是山：李永平紀念特輯），《文訊》386期，2017年12月，頁102-104。

周昭翡，〈跨越與回返，聆聽與重現——使者朱鴒〉（見山又是山：李永平紀念特輯），《文訊》386期，2017年12月，頁105-107。

高嘉謙，〈淡水河口的說故事者——記李永平老師〉（見山又是山：李永平紀念特輯），《文訊》386期，2017年12月，頁108-110。

須文蔚，〈編織文字魔性，探索人性黑洞〉（見山又是山：李永平紀念特輯），《文訊》386期，2017年12月，頁111-112。

楊索，〈天真的朝聖者〉（見山又是山：李永平紀念特輯），《文訊》386期，2017年12月，頁113-

115。

詹閔旭，〈李永平文學事業三階段〉（見山又是山：李永平紀念特輯），《文訊》386期，2017年12月，頁116-118。

龔萬輝，〈時光渲染的臉〉（見山又是山：李永平紀念特輯），《文訊》386期，2017年12月，頁119-121。

余光中，〈悼念李永平〉（見山又是山：李永平紀念特輯），《文訊》386期，2017年12月，頁122。

李有成，〈一介布衣──懷念永平〉（見山又是山：李永平紀念特輯），《文訊》386期，2017年12月，頁123-127。

胡金倫，〈俠女隔江猶唱月河曲〉（見山又是山：李永平紀念特輯），《文訊》386期，2017年12月，頁128-129。

胡耀恆，〈我與李永平的交誼〉（見山又是山：李永平紀念特輯），《文訊》386期，2017年12月，頁130-131。

高天恩，〈憶永平〉（見山又是山：李永平紀念特輯），《文訊》386期，2017年12月，頁132-136。

張錦忠，〈故人西辭淡水河──記李永平〉（見山又是山：李永平紀念特輯），《文訊》386期，2017年12月，頁137-140。

郭強生，〈9/24〉（見山又是山：李永平紀念特輯），《文訊》386期，2017年12月，頁141-143。

黃英哲，〈悼永平兄〉（見山又是山：李永平紀念特輯），《文訊》386期，2017年12月，頁144-146。

黃碧端，〈懷念永平〉（見山又是山：李永平紀念特輯），《文訊》386期，2017年12月，頁147-148。

曾珍珍，〈默劇──追思李永平〉（見山又是山：李永平紀念特輯），《文訊》386期，2017年12月，頁149-150。

魏月萍，〈總是遠航，總是歸岸〉（見山又是山：李永平紀念特輯），《文訊》386期，2017年12月，頁151-152。

蘇其康，〈長憶李永平〉（見山又是山：李永平紀念特輯），《文訊》386期，2017年12月，頁153-154。

何致和，〈把最好的時間留給寫作〉（見山又是山：李永平紀念特輯），《文訊》386期，2017年12月，頁155-156。

李儀婷，〈如風如火的烈酒青春〉（見山又是山：李永平紀念特輯），《文訊》386期，2017年12月，頁157-158。

桂業勤，〈憶李永平老師的作文課〉（見山又是山：李永平紀念特輯），《文訊》386期，2017年12月，頁159-160。

許榮哲，〈關於小說，我的一流母親，偉大父親〉（見山又是山：李永平紀念特輯），《文訊》386期，2017年12月，頁161-163。

李淑華，〈永遠的二哥〉（見山又是山：李永平紀念特輯），《文訊》386期，2017年12月，頁164-165。

廖宏霖，〈我要偷聽你們，就當我不存在。──《月河三部曲》套書分享會側記〉（見山又是山：李永平紀念特輯），《文訊》386期，2017年12月，頁166-171。

英文評論

Joseph S. M. Lau（劉紹銘）. (Fall 1981) "The Tropics Mythopoetized: The Extraterritorial Writing of Li Yungping in the Context of the Hsiang-t'u Movement." *Tamkang Review* 12.1: 1-26.

Carlos Rojas（羅鵬）. (1998) "Paternities and Expatriatisms: Li Yongping's Zhu Ling Manyou Xianjing and the Politics of Rupture." *Tamkang Review* 29.2: 21-45.

Carlos Rojas（羅鵬）. (2008) "Li Yung-p'ing and Spectral Cartography," In *The Naked Gaze: Reflections on Chinese Modernity*. Cambridge: Harvard University Asia Center, pp. 187-212.

Kuei-fen Chiu（邱貴芬）. (May 2008) "Empire of the Chinese Sign: The Question of Chinese Diasporic Imagination in Transnational Literary Production." *Journal of Asian Studies* 67.2: 593-620.

Jing Tsu（石靜遠）. (2010) "Look-Alikes and Bad Relations," In *Sound and Script in Chinese Diaspora*. London: Harvard University Press, pp. 178-180, p191, p201.

Alison M. Groppe（古艾玲）. (2013) "Chapter 6. Li Yongping: Home and Away," In *Sinophone Malaysian Literature: Not Made in China*. New York: Cambria Press, pp. 187-232.

Alison M. Groppe（古艾玲）. (2017) "Writer-Wanderer Li Yongping and Chinese Malaysian Literature," In David Der-Wei Wang,ed., *A New Literary History of Modern China*. Cambridge, Massachusetts: The Belknap Press of Harvard University Press, pp. 906-911.

Brian Bernards（貝納子）. (2015) *Writing the South Seas: Imagining the Nanyang in Chinese and Southeast Asian Postcolonial Literature*. Seattle: University of Washington Press.

日文評論／及川茜輯錄

專論

豐田周子，〈李永平《吉陵春秋》の読まれ方：台湾を中心に〉，《野草》89号，2012年2月，頁68-80。

及川茜，〈李永平《大河盡頭》の寓意〉，《野草》94号，2014年8月，頁148-168。

李有成，加納光訳，〈歴史の中の亡霊——李永平の小説に見る戦争の記憶〉，《リーラー「遊」》vol.9，文理閣，2015年。

及川茜，〈紅色の水先案内人：李永平のミューズ朱鴒をめぐって〉，《中国21》43号，2015年8月，頁245-264。

書評

藤井省三，〈Book Review「南洋性」と「中国性」とが混淆する架空の町の物語——李永平著／池上貞子・及川茜訳《吉陵鎮ものがたり》〉，《東方》362号，2011年4月，頁33-36。

短論

卞惟行，〈李永平の孤独とアイデンティティについて〉，《福井工業大学研究紀要》43号，2013年，頁521-526。

網絡媒體
◆書評

山本博之，〈《吉陵鎮ものがたり》〉，「ジャカルタ深読み日記」（個人網誌），2010年11月20日。（http://d.hatena.ne.jp/setiabudi/20101120）

舛谷鋭，〈雨雪しとしと－ボルネオ幼年記－〉，「NNAアジア アジア経済ニュース知識探訪～多民族

生活・社会の横顔を読む～」（網路雑誌），2017年11月。（未刊，待定）

◆簡介

赤松美和子，〈台湾馬華文学と李永平（1）〉，專欄「ハイブリッド台湾文学」，網站「もっと台湾・
　more about Taiwan」，2015年5月12日。（http://motto-taiwan.com/2015/05/0512/）

赤松美和子，〈台湾馬華文学と李永平（2）〉，專欄「ハイブリッド台湾文学」，網站「もっと台湾・
　more about Taiwan」，2015年5月13日。（http://motto-taiwan.com/2015/05/0513/）

綜論

及川茜，〈日本人の性的表象——南洋を描いた中国語小説〉，貴志俊彦、西芳実、谷川竜一、山本博
　之編，《記憶と忘却のアジア（相関地域研究）》，青弓社，2015年。

及川茜，〈サラワク作家のダヤク人表象——李永平と張貴興を例に〉，《マレーシア研究》第6号，
　2017年（in press）。

註釋：

1. 《吉陵春秋》繁體版二版自序。
2. 《大河盡頭》繁體版下卷序。
3. 《朱鴒書》自序。
4. 李永平部分。
5. 李永平部分。
6. 《婆羅洲之子》、《海東青》部分。
7. 李永平部分。
8. 《拉子婦》部分。
9. 《吉陵春秋》部分。
10. 《吉陵春秋》部分。
11. 《吉陵春秋》部分。
12. 《吉陵春秋》部分。
13. 《海東青》部分。
14. 《雨雪霏霏：婆羅洲童年記事》。
15. 《雨雪霏霏：婆羅洲童年記事》。
16. 《雨雪霏霏：婆羅洲童年記事》。
17. 《迌迌：李永平自選集1968-2002》。
18. 《大河盡頭（上卷：溯流）》。
19. 《大河盡頭（上卷：溯流）》。
20. 〈日頭雨〉部分。
21. 《日頭雨》。
22. 〈萬福巷裡〉部分。
23. 〈好一片春雨〉。
24. 〈望鄉〉。
25. 〈黑鴉與太陽〉部分。
26. 《大河盡頭》。
27. 李永平綜論。

見山又是山：李永平追思紀念會暨文
學展特刊 / 封德屏總編輯. -- 初版. --
臺北市：文訊雜誌社, 2017.12
160面；19X26公分
ISBN 978-986-6102-33-2(平裝)

1.李永平 2.傳記 3.文集
783.3886   106024840

見 山 又 是 山
李永平追思紀念會暨文學展特刊

指導單位／　文化部www.moc.gov.tw
主辦單位／　文訊雜誌社・國立台灣大學文學院・麥田出版
協辦單位／　中國時報開卷・中華民國筆會
　　　　　　公益信託星雲大師教育基金
　　　　　　財團法人國家文化藝術基金會
　　　　　　國立中山大學人文中心・國立台灣大學中文系
　　　　　　國立台灣大學外文系・國立東華大學英美系
　　　　　　國立東華大學華文系

總編輯／　　封德屏
執行編輯／　杜秀卿
工作小組／　邱怡瑄・呂佩珊・涂千曼・吳穎萍・楊迪雅
封面設計／　翁　翁 onon.art@msa.hinet.net
美術設計／　不倒翁視覺創意
印刷／　　　松霖彩色印刷公司

出版者／　　文訊雜誌社
地址／　　　10048台北市中山南路11號B2
電話／　　　02-23433142
初版／　　　2017年12月10日

定價／　　　250元
ISBN／　　　978-986-6102-33-2